品牌危机传播效果的影响模型研究

PIN PAI WEI JI CHUAN BO XIAO GUO DE
YING XIANG MO XING YAN JIU

吴小冰 著

东北师范大学出版社
NORTHEAST NORMAL UNIVERSITY PRESS

图书在版编目（CIP）数据

品牌危机传播效果的影响模型研究 / 吴小冰著． -- 长春：东北师范大学出版社，2022.5
　　ISBN 978-7-5681-8652-0

Ⅰ．①品… Ⅱ．①吴… Ⅲ．①品牌－传播－研究 Ⅳ．① F273.2 ② G206

中国版本图书馆 CIP 数据核字（2022）第 074056 号

责任编辑：包瑞峰　　封面设计：吴思萍
责任校对：陈　慧　　责任印制：许　冰

东北师范大学出版社出版发行
长春净月经济开发区金宝街 118 号（邮政编码：130117）
电话：0431-84568126
网址：http://www.nenup.com
福州星森印务有限公司制版
福州星森印务有限公司印装
福建省福州市闽侯县青口镇前街村东长路 8 号福州东郁机械包装有限公司第二幢第一层
2022 年 5 月第 1 版　　2022 年 5 月第 1 版第 1 次印刷
幅面尺寸：170mm×238mm　　印张：18.5　　字数：206 千字

定价：58.00 元

（版权所有，盗版必究）

目 录

第一章 绪 论 001
  第一节 研究背景 003
  第二节 问题的提出 007

第二章 品牌危机传播效果的影响因素 013
  第一节 相关概念的界定 015
  第二节 危机传播策略 017
    一、公关取向的危机传播策略 018
    二、修辞取向的危机传播策略 024
    三、两种取向的危机传播策略总结 034
  第三节 危机传播效果 038
    一、危机传播对媒体报道的影响 039
    二、危机传播对消费者认知与态度的影响 040
    三、危机传播对品牌资产的影响 043
    四、危机传播对品牌市场表现的影响 045
  第四节 影响危机传播效果的因素 048
    一、危机反应与传播策略 048
    二、品牌声誉 050
    三、危机责任归因 051
    四、消费者相关变量 053

五、影响因素研究总结　　054
　第五节　文献总结与研究模型　　058
　　一、文献总结　　058
　　二、研究假设与模型　　061

第三章　研究方法及研究过程　　069
　第一节　研究方法确定　　071
　第二节　危机事件选择　　073
　第三节　测量量表编制　　075
　　一、参考已有量表　　075
　　二、自主开发量表　　082
　第四节　前测　　087
　第五节　调查实施　　089

第四章　数据分析及结果　　091
　第一节　数据正态分布检验　　093
　第二节　探索性因子分析　　095
　第三节　验证性因子分析　　112
　第四节　研究模型的建构与检验　　149
　　一、测量模型假设　　149
　　二、模型的识别和数据资料的检视　　153
　　三、研究模型的估计与拟合度评价　　159

第五章　研究结论与未来建议　　173
　第一节　模型中各因素及影响路径的探讨　　175
　　一、危机传播修辞力的影响　　175
　　二、危机传播资讯力的影响　　177
　　三、危机传播信源可信度的影响　　179

四、品牌层面两大因素的影响	180
五、危机传播效果层级的探讨	182
六、统合模型的探讨	183
第二节 品牌危机传播策略的实践启示	185
第三节 研究的贡献	190
第四节 研究的不足	194
第五节 后续研究建议	198

参考文献   200

附录   221

  附录A   问卷调查   222

  附录B   数据表格   250

第一章 绪论

在经济全球化、传播网络化的时代，品牌危机的爆发不仅日渐频繁，而且其规模和影响也越来越大。品牌建设并非一日之功，在漫长的发展过程中随时面临着潜在危机的威胁。如何正确认识品牌危机传播效果的影响机制，进而选择正确的危机传播策略，成为品牌管理者日益关注和积极思考的问题。从基础层面入手，探索品牌危机传播效果的影响机制问题，具有很强的现实意义。

第一章 绪 论

第一节 研究背景

近二十年，品牌危机爆发的频率逐年升高。2005年曾被称为跨国企业的中国危机年，包括强生、百胜集团、联合利华等国际著名企业在中国相继爆发了品牌危机。2006年，品牌危机事件更加频繁地发生，杜邦不粘锅致癌事件、博士伦润明护理液引发角膜炎事件、可口可乐苯污染事件此起彼伏。2008年，更是品牌危机爆发最为严重的一年，以奶粉行业的三聚氰胺事件最令人震惊，品牌危机成因之复杂，危机后果之严重，公众反应之强烈均是前所未有。2010年伊始，就相继出现丰田踏板门事件、富士康跳楼门事件、联想5G门事件、滴滴安全门事件等影响广泛的品牌危机，足以证明危机管理大师Mitroff（2001）的观点："危机不再是今日社会异常的、罕见的、任意的或者外围的特征，危机根植于今日社会的经纬之中。"

危机的发生对品牌的伤害是显而易见的。1982年强生泰诺中

003

毒事件发生后,在短时间内其市场份额迅速由35%暴跌到7%,产品召回费用高达1.4亿美元。危机不仅会在短期内给产品销售市场带来直接的影响,也可能使一个叱咤风云的品牌瞬间倒下。2006年博士伦润明护理液事件使其公司股价下跌了35%,市场份额下降近50%,花费高达5000万美元至7000万美元直接召回产品,仍然未能挽救品牌,最终润明护理液永久退出中国市场。

Mitroff(2001)认为:虽然我们不能减少未来危机爆发的可能性,但至少可以减少它的危害性。危机发生后选择的传播与管理手段,对品牌形象的恢复有着关键性的影响。1982年强生泰诺中毒事件的成功处理,让后来的品牌管理者认识到:即使是再严重的危机事件,企业只要处理得当就有可能让品牌渡过难关。然而,巨能钙的毁灭,让我们认识到:即使是一篇存在不实内容的负面报道,也有可能让一个如日中天的品牌遭遇重创。因此,品牌管理者必须增强品牌危机的意识、了解品牌危机的基本规律、掌握品牌危机的应对策略,从而尽量阻止危机的发生,或在危机发生之后更好地应对危机,减少危机对品牌造成的伤害。

令人不解和遗憾的是,尽管危机对品牌的影响如此巨大,但是很多企业普遍缺乏对危机的系统思考和前瞻计划。Guth(1995)对美国企业进行调查,发现只有三成的企业拥有并在执行完整的危机管理计划。Barton(2001)调查了美国电信行业的280名经理人,只有4%的人回答公司拥有危机管理计划。在中国,情况亦不容乐观:根据2004年零点调查与清华大学等合作完成的"企业危机管理现状"调查结果,中国45.2%的企业处于一般危机状态,40.4%的企业处于中度危机状态,14.4%的企业处于高度危机状态。但只有10%的企业拥有完整的危机管理计划。

危机管理意识的缺失，导致了很多企业在危机发生后常常低估危机的危害性，很少有企业对危机进行有效的回应（Siomkos，1992）。企业管理者经常意识不到，不管企业声誉高还是低，在危机中否认公司责任和不情愿地召回产品都是有害的（Jolly，Mowen，1984；Siomkos，1999）。因此，企业在危机发生时，有的采用"鸵鸟策略"，不接受媒体采访与公众询问，希望能够侥幸隐瞒此事；有的采用"敷衍媒体策略"，媒体知道一点，企业就透露一点，希望媒体早日转移对自己的关注；有的采用"被动反应策略"，绝不主动与公众沟通，希望时间能淡化一切。

然而，危机应对的传播环境对企业可谓越来越不利。首先，新媒体的日益普及使信息传播突破了时间与空间的界限，微博等新兴工具的出现让每个人都拥有随时随地"向全世界表达意见"的传播话语主动权。根据中国互联网络信息中心（CNNIC）发布的第47次《中国互联网络发展状况统计报告》显示，截至2020年12月，中国网民的规模达到了9.89亿；中国手机网民的规模达到了9.86亿；网络新闻用户规模达7.43亿；网络购物用户规模达7.82亿。公众已经适应了网络化生存，在这个几秒钟内就可以通过个人手机把危机信息编辑成微博内容传到互联网平台的时代，"鸵鸟策略"只能是企业的痴心妄想罢了。

网络不仅是危机信息的传播平台，从某种角度来讲还是危机信息的保存基地。在传统媒体时代，一个危机事件发生的两周时间内是媒体报道的高峰，之后渐渐消失于公众的视野，从而被慢慢淡忘。网络出现后，由于一些搜索引擎网站具有信息收集检索的功能，危机事件信息会在相当长的一段时间内被保留。例如，如果现在想了解2008年的三聚氰胺事件，用其作为关键词在百度搜索，仍然可以得到450万个相关结果，足够提供丰富翔实的相关信息。在这样的媒体环境下，更加要求企业拥有敏锐的危机监控意识、完善的危机管理体系、正确的危机应对手段。企业能够在危机发生时应对自如、游刃有余的前提，则是对危机传播基本规律和影响机制的充分认识。

综上，企业在实践中存在着危机意识的不足与危机管理传播计划的缺失，同时要面临新媒体快速与主动传播危机信息的严峻考验。对危机传播实践领域存在什么问题的思考，成为本书最初的研究动机。

第二节　问题的提出

危机刚刚发生时，并不一定会使企业陷入困境，之后因信息的传播所带来的一系列连锁反应才会使企业陷入危机情境（Mitroff，2001）。因此，危机后进行应对与处理是非常重要的，是实现危机由"危险"向"机遇"转折的关键所在（Augustine，2000）。危机处理的首要任务是传播关于此次危机事件的信息，提高公众对危机的认知（晁钢令，王志良，2006），减少危机对企业的伤害，修复在危机中受损的企业形象。而要达成这些任务，不难发现"传播"[①]在其中的重要性。甚至有学者形象地指出：危机处理的第一要务是传播，第二要务是传播，第三要务还是传播（朱延智，2000）。

[①] 本书的"传播"，对应的英文是communication，在国内的文献中亦译为"沟通"，实为同一个含义。

危机发生后，有的企业选择不回应，有的企业会进行回应。然而，即使是那些对危机进行了回应的企业，也经常无法达到有效的传播，从而加剧了危机的负面影响（Mitroff，Pauchant，1990）。之所以存在这样的窘境，是因为企业如何才能选择最优的危机传播策略的问题一直未能得到有效的解决（Heath，1999）。

危机传播实践领域存在的突出问题还有，危机传播的研究尚处于探索阶段。或者说，危机传播实践领域大量问题的存在，在某种程度上也反映了危机传播理论研究的严重不足（Dawar，1998；Dawar，Pillutla，2000）。危机传播的研究时间并不长，在1960年到1983年长达二十多年的时间里，公关方面的专业期刊出现的探讨危机公关的文章不多，且出现的大多是简短的操作技巧讨论（Marra，1992）。1995年开始，传播学界的危机研究论述才逐年稳定出现。基于传播在危机管理过程中的重要性与日俱增，危机传播在实务界已经发展为一个兴盛的产业（Burnett，1998）。在学界，危机传播研究已经逐渐发展成一个基础稳固的研究方向，开始成为应用传播领域中极为重要的新兴研究领域（Coombs，1999）。

虽然危机传播的研究日渐兴盛，但是学者仅仅基于传播学的单一视角探索了危机传播的特点与规律，对于危机传播效果及影响机制这种基础层面的关键问题，学界较少触及。目前的研究重点在于检视危机传播策略，但是这些研究大多根据危机个案与经验直觉推论而出，缺少实证。在危机传播策略与效果之间的关联性问题的研究就更为少见。Falkheimer和Heide（2006）甚至直接地提出，整个危机传播领域缺乏系统知识与理论框架分析。

此外，由于危机分成许多类型，不同类型危机的传播规律大相径庭。其中，公共危机与企业危机之间有较大的区别。公共危机是基于整个社会架构传播的，企业危机特别是品牌危机则是基于市场传播的。基于市场的品牌危机，其发生根源、传播机制、应对策略、影响范围都有独特之处，应从市场营销和品牌的视角来看待。

公共危机发生后，对社会产生的影响有较为直接的衡量指标体系，如伤亡人数、生产力的下降程度等。品牌危机发生后，对企业产生的影响除了实际的销售额下降、股价的变动，更重要的往往在于消费者的心理层面（Barton，2001）。危机发生之后，给消费者带来心理上的巨大震动，随之产生相应的认知风险（Regester，Larkin，2002）。在危机情境下，这种认知比危机的事实更为重要。也就是说，当危机事件发生后，关键的并非企业是否应该为危机负责任，而是消费者是否认为企业应该负责任；关键的并非企业是否真正伤害到消费者，而是消费者是否认为自己受到了伤害（Coombs，2004）。一旦消费者产生认知上的负面情绪，往往会严重影响到他们对企业的形象感知，从而导致企业的品牌资产受损，进而直接影响企业收益和市场份额（Van Heerde et al.，2005）。Benoit（2000）认为，公众认知是危机效果最主要的证据，应该根据调查公众是否接受或相信企业的说辞和应对方式来评估传播效果。因此，消费者心理认知层面是企业危机传播的效果很重要的层面。

早就有学者提出，危机必须从一个系统的角度来观察

（Bowonder，Linstone，1987；Pauchant，Mitroff，1992），应该跨学科研究，但一直较缺乏整合其他领域的理论对危机的研究。钟新（2007）认为，目前有关危机管理和危机传播的大部分研究主要是单一学科单一视角的研究，如公共管理研究者主要从政府视角研究，工商企业管理研究者主要从企业视角研究，新闻传播研究者主要从新闻学和传播学视角研究。此外，目前已有的关于"品牌危机"的研究，大部分仍然脱离不了产品责任和伤害危机，很少从品牌危机的高度来看待这些问题，而且研究很少关注企业的策略行为对危机产生的影响机理（余明阳和刘春章，2008）。品牌危机应该如何界定，符合哪些因素的企业危机才可以称之为品牌危机？已有的传播策略是否完全适用于品牌危机？危机传播策略对品牌的影响如何，尤其是给消费者对品牌的认知与态度带来什么影响？品牌危机的传播应该从市场营销、消费者行为学等视角进行探讨，且这两个学科已有自己独特和成熟的实证研究思路与方法，目前未见较为系统而深入的采用这些方法对品牌危机传播的规律与机制进行分析的研究。

在危机传播领域，已有的研究主要是针对策略管理层面、传播过程面及传播影响面的研究。为了更好地了解品牌危机传播的过程，从而提出良好的传播策略，应明确品牌危机传播效果的影响机制。即在这三个层面上，影响面的研究应该是最关键的一步。Shrivatava et al.（1999）指出，危机对以消费者信任、品牌态度和未来购买意图为主要内容的市场资产（market-based asset）的侵蚀十分显著。Dawar和Pillutla（2000）更是明确提出，未来的研究需要着重探讨危机处理对关键营销变量的影响。

基于对品牌危机传播领域实践需求与研究空白的思考，本研究尝试以公共关系学和品牌学的相关理论为主、以传播学和心理学的相关理论为辅，采用定性研究与定量研究相结合的实证研究方法，探索品牌危机传播效果的影响因素，梳理各因素的影响路径，最终建构品牌危机传播效果的影响模型。

本研究的目的在于：

1. 梳理影响品牌危机传播效果的因素构成

危机传播效果取决于危机传播策略的应用，因此危机传播策略是影响危机传播效果最重要的因素，应该作为最值得研究的影响因素进行验证。此外，品牌层面的相关因素对危机传播效果的影响较为显而易见，消费者相关变量应该对影响路径存在一定的调节作用，这些因素如何构成、如何测量都有待进一步探讨。本研究希望在综合已有文献的基础上，梳理得到更加清晰的影响因素构成。

2. 明确品牌危机传播影响因素与效果变量之间的关系

在关于危机传播效果的研究中，研究者建构了各种影响因素与营销变量之间的影响关系。已有文献较少系统研究危机传播策略对营销变量的影响（Dawer，Pillutla，2000），即使有也只是零散地从一些传播变量角度进行研究，例如否认策略、报社新闻稿等，亦如整个危机传播领域的研究一样缺乏系统知识与理论框架分析。在效果变量上，已有研究探讨了消费者认知与态度、品牌资产与市场表现，但危机传播作为一种说服传播，在传播因素与品牌因素影响营销变量之间是否存在一个中介变量，整个影响路径如何，这些都有待进一步研究。

3. 提出并验证危机传播效果的影响模型

危机传播效果的影响机制如何？哪些因素影响危机传播效果？这些因素通过什么路径起作用？其中是否存在一些调节变量，是否存在一些中介变量？最终如何影响传播效果？这些是本研究希望通过数据的收集与统计工具的帮助得到解决的问题。研究的最终结果希望能够提出并验证危机传播效果的影响模型。

第二章

品牌危机传播效果的影响因素

　　本研究首先界定了危机传播与品牌危机两个主要概念，接着围绕研究主题，对危机传播策略、危机传播效果、影响危机传播效果的因素进行了详细的文献梳理，以期在清晰完整地呈现相关研究脉络的基础上，推导出本研究的假设与模型。

第一节 相关概念的界定

本研究所指的危机传播（crisis communication），在国内亦译为"危机沟通"。它是指危机发生后企业的主动传播行为，并非指信息在媒介上的被动传播。"传播"一词即为"散布开去"，指人与人或群体之间借助语言和非语言符号，直接或间接地传递信息的过程。研究者在界定危机传播概念时，经常把它与危机管理（crisis management）进行比较与区分。综合研究者的定义，危机管理涉及的是危机策略的设计、危机管理小组的建立、环境监测、偶发性的规划及与特定危机有关的管理措施，目的在于解决危机，使组织恢复正常状态，并且修补损害（Ray，1999）。危机传播是指为影响大众对组织形象的认知所做的努力，目的在于传播与形象维护（Heath，1997；Ray，1999；Sturges，1994）。吴宜蓁（2005）概括性地指出，危机管理较偏向于"对事"，危机传播偏向于"对人"，两者的关照面并不相同。Heath（1994）曾将危机传播定义为："在高度不确定的状况下尽量控制，并力图以合于道德的手法，赢回社会大众的信心。"此定义虽被很多文献引用，但未指出"传播是一种信息交换过程"这一本质问题，且对于传播的情境定义为"高度不确定的状况"，过于模糊。本研究从组织的视角出发，尝试对危机传播进行如下界定：危机传播是指危机发生时和发生后，为了挽回组织形象与外界进行的一切信息交换过程，主要目的是引导利益相关者在行动上和心理上的反应，挽回组织声誉，塑造组织形象。

关于危机的定义，文献中广为引用的是赫尔曼（1972）、福斯特（1980）、巴顿（1993）、班克思（1996）、里宾杰（1997）等人的观点。虽然以上定义从不同视角进行了界定，但都指出了危机构成的基本要素：发生时间的紧迫性、后果的不确定性、造成的危害性、对组织形象的损害性。目前关于品牌危机（brand crisis）的界定则众说纷纭，尚没有统一明确的定义。但大多数定义都指出了，品牌危机除了符合以上关于危机的四个特性之外，特指对品牌认知、信任与品牌资产造成伤害的事件。本研究沿袭多数文献中的观点，从消费者的品牌资产视角出发，试图对品牌危机做出如下界定：品牌危机是指在品牌发展过程中，对品牌形象带来不良影响，经由大众媒体传播到公众，从而损害品牌资产的突发事件。此定义包括如下含义：①品牌危机指品牌形象受到不良影响，从而损害品牌资产的事件。②品牌的外部环境和自身缺失是品牌危机的根源。③媒体是有关品牌的负面信息的传播者，一旦负面信息经由大众媒体传播，品牌危机迅速爆发。④品牌危机会影响消费者对品牌的认知与态度，并最终在一定程度上破坏品牌资产。

第二章 品牌危机传播效果的影响因素

第二节 危机传播策略

危机传播策略的研究是从危机管理模式中分离出来的。所谓危机管理模式，指把组织作为危机管理的中心，按照危机发展的线性特点为组织制订适合的处理策略。例如巴顿的危机处理五环节模式"察觉—防止—遏制—恢复—反思"，芬克的"危机前—危机中—危机后"三阶段模式，均属于危机管理模式。危机传播策略的研究，重点关注危机发生后组织为了减轻危机对组织形象的伤害所做出的传播行为与技巧。

在危机管理模式的基础上，危机传播的研究渐渐发展成两种取向。由于危机传播理论建构尚处于待发展的阶段，用"学派"或"典范"都不太合适，因而中国台湾学者主张只以"取向（approach）"来界定两种危机传播研究的观点（吴宜蓁，2005）。一种是公共关系学取向。公共关系学研究的重点在于观察组织的危机传播策略以及这些传播策略对危机处理的成效，并且在危机管理的情境中检视公关部门的自主性、专业性与决策权力等问题（Marra，1998；Cooper，1997；Guth，1995）。另一种是修辞学（rhetorical）取向[②]。由于危机发生后，组织的发言人或危机管理人员经常是通过语言和文字向利益相关者传播信息，危机传播策略有很大部分是从修辞学的角度进行研究。修辞学取向聚焦于危机传播中的信息环节，探讨危机发生后组织采取的形象管理和辩解（apologia）策略及危机反应策略（crisis response strategies），希望了解组织决策者如何运用各种符号资源，即危机言说（crisis discourse），来解决危机和挽救组织形象（Benoit，1997；Coombs，1995，1999）。

本研究沿袭学者们关于传播策略类型的划分，把已有文献中关于传播策略的研究按照公关取向与修辞取向进行整理归纳，以期从中总结出影响品牌危机传播效果的传播策略层面的因素。

一、公关取向的危机传播策略

沟通策略是影响危机传播效果最直接的因素（Marra，1998）。因此，公关学者采用文献分析法和个案分析法，从危机发生后如何与利益相关者进行沟通的角度提出许多重要的传播策略。这些策略被广泛提出并直接应用于实践，包括：尽快寻找真相和公布真相，主动传播准确且一致的信息，选择权威和沟通力强的新闻发言人，做好媒体沟通并主动控制媒体议题，等等。

---

② 注：港台译为语艺批评研究取向。

1. 迅速沟通

危机发生后组织应该迅速做出回应，这几乎已经成为业界与学界的共识。Marra（1998）认为，具备快速而有效的危机应对能力是组织成功处理危机的决定性因素。Coombs（1999）指出，危机发生与组织做出回应之间的时间属于一段信息空缺期，任何人或者团体都可能利用这段时间传播信息，让公众接收到错误的信息。在这段时间内组织应该对危机迅速作出回应，从而争取解释的机会。Davis（1999）认为，一个危机能否处理得当，在媒体掌握了消息之后的几分钟内就被决定了。因此一旦发生危机，品牌管理者应该迅速启动危机管理方案，成立危机指挥中心，第一时间与媒体沟通。Ogrizek和Guillery（1999）更是直接指出，危机发生后，组织必须在两个小时内告知重要的相关人员。

研究者通过对许多实际发生的危机个案进行分析，发现如果组织没能在危机发生后迅速作出回应，会给组织带来不良的影响。在危机中，沉默有时等同于承认，代表了组织的疑虑与消极（Coombs，1999）。如果企业既不承认也不否认危机信息，公众会认为企业在隐瞒真相，因而扩大危机的杀伤力（Fink，1986）。Williams和Treadaway（1992）对1989年埃克森公司面对油船泄露危机事件时所采用的危机策略进行了研究，发现由于对危机的最初反应过于缓慢，埃克森公司的危机传播策略是失败的。能够在危机发生后迅速与公众沟通，在某种程度上体现了企业对危机事件负责的态度，这种对危机的掌控力对企业声誉非常重要，它可以让公众重新建立起对企业的信心（Augustine，1995）。

2. 传播准确的信息

不少研究者认为，企业在危机发生后要公布正确的信息，否则一旦真相被揭露，公众对企业的欺骗行为会更加愤怒，进而破坏公众对企业的信心（Fink，1986；Mitroff，Pearson，1993）。危机发生后，可以提供公众想了解的关于危机的成因、结果及应对措施等方面的信息，表示企业对公众的关心与处理危机的决心，这样能够很好地维护企业形象，让公众安心（Dawar，Pillutla，2000）。

危机发生后，组织成为媒体与公众关注的焦点，各种传播渠道传递的可能是不一样的信息。Garvin（1996）认为，危机处理过程中传播一致的信息，将比传递不一致的信息更具可信度。Lerbinger（1997）指出，传递不一致的信息内容会引发更多对企业不利的猜疑甚至谣言。Tsang（2000）分析了巴黎水、维他奶、可口可乐三个饮料危机案例后，发现在危机初期三家公司都没有告知消费者清楚且一致的信息，导致危机处理失败。

很多学者在文献里都提出，要想传播准确、清晰、一致的信息，要成立危机管理小组，指定专门的新闻发言人，准备内容一致的发言稿和新闻稿，这样才能真正避免各种相互矛盾的沟通内容（Fink，1986；Mitroff，Pearson，1993；Coombs，1999）。危机新闻发言人必须是具备专业权威的公司高管，善于对外解说组织的立场，成为组织与外界沟通的桥梁（Pines，2000；Puchan，2001）。

3. 适当的情感表达

研究者通过对危机个案的分析，发现在危机发生后，组织通过媒体或新闻发言人表达适当的情感，有利于获得公众的认同（Augustine，1995；Tyler，1997；McCroskey，1997）。Augustine（1995）认为，如果危机事件中有受害者，企业在应对的最开始就应该表达对受害者的同情。McCroskey（1997）提出，表达对受害者同情心的目的是让公众知道企业非常关心公众需求，是值得信任的。Coombs（1999）则从另一个角度看待危机中的情感表达。危机沟通中企业扮演弱者的角色，可以获取公众的同情，同情有助于公众较容易相信企业对危机事件的解释，从而帮助企业改善声誉。

4. 媒体沟通与议题建构

危机公关研究以传播为重心，而媒体既是组织最重要的传播载体，亦是组织的传播对象，其重要性远远超过其他的利益相关者群体（Cooper，1997；Lerbinger，1997；Statesman，1997）。组织应扮演媒体信任的消息来源，从媒体与民意的角度处理危机，而不是仅仅从专业技术等理性层面来处理。一旦危机事件涉及普通公众的利益，如果能够获得公众的理解与支持，组织形象受损的程度相对较低。如果公众舆论是反对组织的，则组织形象有可能在短时间内因强大的负面舆论而瓦解。因此，组织应该掌握危机时建构媒体议题并引导媒体报道的能力与权力。传播学理论中最著名的议程设置理论是从大众传媒的角度出发，认为大众传媒拥有显著转换公众议题的能力，但这个理论没有考虑媒体的议程是如何选择并形成的。

公关学界对组织影响媒体议题形成进行了不少研究。从实践来看，公关人员恰当运用大量主动的公关策略，可以影响媒体报道的内容。而且，媒体对组织消息来源的依赖更是体现在危机发生时。Sood等（1987）指出，在灾难事件中，传统的"漏斗式"的新闻守门作用通常失效。为了快速提供新闻给公众，记者往往会从其他新闻来源甚至是一般民众那里寻求消息，新闻采访转变成"倒漏斗（inverted funnel）"模式。Duhe和Zoch（1994）分析1993年8月2日埃克森公司路易斯安那州炼油厂的大火和爆炸事件，发现报纸报道中有80.5%的新闻以埃克森公司的新闻发言人或炼油厂经理为消息来源。虽然埃克森公司并没有全面成功地设定媒体的议题，但是通过危机公关的运作，还是成功地取得了媒体的平衡报道。Fortunato（2000）对NBA的公关与促销策略进行研究，发现关于NBA的媒体内容很多是直接由NBA本身来主导的。

既然媒体的消息来源于组织，那么组织应该有较为成熟与完善的媒体议题建构策略。自从朗氏夫妇提出议题建构理论之后，学者对议题研究的关注即从媒体与阅读者的互动转移到消息来源与媒体的互动，以及双方互动后展现在媒体议题上的效果（Fortunato，2000）。Sechlesinger（1990）提出消息来源媒体策略的概念时，将消息来源的研究分成内部途径与外部途径，内部途径是指分析的资料来自报纸上的报道，或者记者陈述其与消息来源互动的情形，外部途径则是分析消息来源运用媒体的策略。一些研究即运用此概念，分析某些危机事件发生时的媒体策略运用情况及效果。Andsager和Smiley（1998）比较了1991年发生的硅胶隆乳事件中美国道康宁公司、医学团体和消费者保护团体之间的议题建构效果，发现医学团体最常被媒体引用为消息来源，即媒体仍然偏好具有影响力的消息来源。Ohl等（1995）调查了企业并购过程中发布的新闻稿所产生的议题建构效果，发现当媒体取得新闻来源不容易时，依赖消息来源的程度更高，此时的议题建构效果最为显著。

然而梳理文献发现，在媒体议题建构方面的理论仍然较为缺乏。臧国仁与钟蔚文（1997）曾明确指出，公共关系理论的三个主要学派[③]均不重视媒体运作的概念化过程：研究者吝于提供有关媒体运作之理论探讨，削弱了公共关系学的发展潜力。危机事件发生时组织与媒体互动、组织主动建构媒体议题的理论则更是迫切需要解决。当然，这里的媒体并不一定指公开发行的大众传媒。Hunter等（2008）以2001年达能抵制贸易的危机为个案，研究了危机传播策略和利益相关者媒体的报道。研究发现，危机传播策略的目标应该放在控制有风险的观点的传播，并根据冲突的程度和关键利益相关者信心的损失程度进行相应调整。相比大众新闻媒体，由利益相关者控制的媒体对于危机结果和组织声誉的影响更大。危机传播策略必须把足够的注意力放在与直接利益相关者和竞争对手建立并保持对话的关系上。

---

③ 注：管理、语艺与整合行销传播三大学派。

二、修辞取向的危机传播策略

二十世纪末,危机传播研究者发现组织在危机发生之后的言说反应对危机管理的成败有着关键性的影响。这个现象吸引了学者从古典的修辞理论角度进行研究,从而修辞取向成为危机传播研究的另一支主流研究学派(Seeger et al.,2001;Williams,Olaniran,1998)。

Heath(1997)认为危机策略就是一种叙事(narrative),因此可以用叙事观点来评估组织在危机发生时的表现。其涵盖面包括危机的情境(context)、关键要素(key aspects)及故事的连续性(a continuation of a story)等,这些涵盖面构成了组织表现的框架。以修辞学视角研究危机传播的学者,主要是以辩解策略和形象修复策略为研究的理论基础,这两种策略统称为危机反应策略。

1. 辩解策略

修辞取向的研究者认为,企业在危机发生后的"辩解(apologia)"并非"道歉(apology)",而是一种自我防卫的言说(discourse of self-defense strategies)(Coombs,1995,1999),也是组织应对危机的一种传播反应方式(Heath,1997)。

Hearit(1996)曾经对辩解策略下了一个完整的定义:辩解是组织对所作所为的一种强制性的防卫,目的在于使被指控的错误行为能够获得公众较为正面或中立的看法。Ware和Linkugel

（1973）认为辩解策略包括四种：脱罪、辩白、说明、合理化，前两种策略属于矫正（reformative）策略，目的在于改善消费者的认知，后两种策略属于转化（transformative）策略，目的在于改变消费者对意义的理解方式。Heath（1994）认为以上四种策略很难在实际运用时区分开来，于是重新梳理了辩解策略的三种做法：① 对概念重新诠释与界定，扭转危机的指控者对于危机事件的看法与结论；② 对事件表达关切与遗憾，尽可能减少组织对此事件所负的责任；③ 区隔事件真相（reality）与表象（appearance）的差距。

不管怎样的危机，其辩解都有相通之处，因此研究者纷纷从不同的角度出发分析不同危机事件中的这种自我防卫之道（Rybachi，1979；Kruse，1986；Hearit，1996；Coombs，1999）。Hearit（1994）分析了东芝机械、克莱斯勒汽车、沃尔沃汽车在三个危机个案中所运用的辩解策略，结果发现，道歉策略确实有助于减少企业在危机中遭受的形象损害。Tyler（1997）分析了埃克森漏油事件，发现埃克森公司虽然就所发生之事向外界道歉，但再三辩解这只是个意外事件，以减少公司所应该承担的责任。因此，他指出虽然在某些危机情境上企业有必要采用辩解策略，但是必须要慎重，以避免让消费者认为企业是在逃避责任，从而导致更大的形象伤害。

2. 形象修复策略

形象修复策略是在辩解策略的基础上形成的较为系统的危机言说技巧，其基本构想是：组织发生危机事件后，公众认为组织应该对危机事件中所犯的错误负责任,但这种错误并不是指事实上的错误行为,而是公众对这种错误的一种认知。从这个构想可以看出,公众对组织责任的认知是影响组织形象的最关键因素,因而危机事件的利益相关者成为组织形象修复的主要目标对象。

形象修复策略并不看重危机发生的阶段,而是把理论重点放在使用的信息选择中,即"危机发生时该说什么"(Benoit,1997)。Benoit整合了以往几位学者提出的防卫策略,提出了五种典型的形象修复策略:否认(denial)、推卸责任(evasion of responsibility)、降低危机冲击性(reducing offensiveness of event)、道歉(mortification)、修正行动(corrective action)(Benoit, Guilifor, Panici, 1991; Benoit, Brinson, 1994; Benoit, 1995, 1997)。之后,形象修复理论被学者运用来分析一些危机传播个案。

Benoit和Brinson(1999)解析了英国女王与王室被批评对王妃黛安娜车祸猝死反应冷漠之事件的应对策略,从英国女王的公开演说稿中,他们归纳出两种主要策略"否认"与"支持",两种次要策略"无力为之"与"超越"。检察官Kenneth Starr的调查导致了克林顿总统被弹劾和审讯。在这个过程中,Starr和他所做的调查成了克林顿、克林顿的支持者以及媒体不断攻击的目标。1998年11月他接受了Diane Sawyer的专访,很明显是为了修复自身的形象。Benoit和McHale(1999)从形象修复策略的视角研究了这次专访。研究发现,Starr的形象修复并非有效,这个结论与公共舆论的数据一致。对形象修复策略的选择与执行影响了策略的有效性。研究结果还表明,如果得到大众的认同,则支持策略应该继续采用，并且言说策略应该在内部是一致的。

Kernisky（1997）以陶氏（DOW）化学公司十年内的公告（bulletins）为对象，试图找出其中的言说结构，以了解该公司在一连串的污染危机之后所进行的形象修复策略。研究以Fisher的叙事范式（narrative paradigm）为基准，进行内容分析和主题分析。结果发现，陶氏化学公司面对外界的批评压力，其应对策略上有明显的转变，从一开始的敌对逐渐转变为合作和对话，从强调公司利益转变为重视公众利益。在主题分析方面，Kernisky归纳出四项主题，依次是技术的优越性、强调社会利益、环境意识以及自由的企业，这四项主题均反映出外界对该公司的社会责任期许。

修正行动是应对危机时的形象修复策略之一。危机发生时，组织成员经常因对修正行动策略的不同看法而争执。Sellnow等（1998）探索了修正行动策略与形象修复的其他策略之间的关系。Sellnow对1994年爆发沙门氏菌危机事件时Schwan销售公司的反应进行了个案研究。研究结果表明，修正行动策略事实上能够起到提升其他修复策略（诸如否认和道歉策略）的作用。

Coombs（2000）在对德士古公司（Texaco）的种族危机事件中采用的大量形象修复策略的有效性进行分析之后，认为许多已有的对形象修复理论进行个案研究后得出的结论都只是尝试性的。他对已有文献中的辩解策略与形象修复策略这两种最主要的危机传播策略进行了系统整理（如表1），提出一种更加严格的策略运用思路，以期真正在危机管理和公关上发挥作用。此表后来得到学者们的广泛应用。王志良和晁钢令（2006）认为，修辞取向的危机传播策略选择主要是基于两个理论视角：一是归因理论，即归因是联系危机情境与策略选择的关键；二是经验总结，主要从案例观察以及实验研究的角度出发，探讨特定情境分类下危机传播策略的匹配问题。

表1 修辞取向的危机传播策略

一般策略	具体策略
攻击指控者（attack the accuser）	反驳那些说危机存在的个人或团体
否认（denial）	简单否认：声明没有危机发生
	解释：为什么没有危机
借口（excuse）	否认恶意：声称危机事件并非蓄意的
	否认伤害：声称企业无法控制危机事件的发生
	澄清：纠正关于危机事件的错误信息
	卸责：企业将危机归咎于某些人或者团体，这些替罪羊可能来自企业内部也可能来自企业外部
	受害者形象：企业将自己描绘成外部恶意行为的受害者
辩护（justification）	淡化伤害：否认危机的严重性
	超越：设法从更有利的方向或不同角度看问题
迎合（ingratiation）	表扬：赞美不同的利益相关者
	道己之长：提醒利益相关企业过去的善行

续表

一般策略	具体策略
修正行动 (corrective action)	补救：主动对受害者做出赔偿
	复原：承诺事情将恢复原状
	预防：承诺会做某事来避免危机再次发生
完全道歉（full apology）	企业承担责任并且请求原谅

资料来源：Coombs, W. Timothy. Designing Post-crisis Messages:Lessons for Crisis Response Strategies[J]. Review of Business,2000,21(3/4)：38.

3. 危机情境与反应策略

危机反应理论是研究组织在面对不同危机发生时，采取的降低危机伤害、修复或重整组织形象，进而影响利益相关者对危机责任诠释的种种行动反应（Coombs，1995）。危机反应理论关注的是组织在各种危机情境之后可能采取的不同反应策略。

不管是公关取向还是修辞取向，以前的研究中危机发生时特有的情境背景被忽略，策略通则中并没有解释何种情境之下采取何种策略比较有效（Marra，1992）。在公关实践中，组织处理危机时不可能采用同样的策略，而是会根据危机情境的不同采取不同的策略。因此，危机情境与危机反应策略之间的关联性开始成为学者的研究问题。Seeger等（2001）认为，修辞学者在这个关联性建构上的努力，是危机传播研究走向理论建构最具成果的表现。这方面的研究最出名的当属Coombs，他运用实验法进行一系列的研究，探讨了危机反应策略在不同危机情境中的运用情况。

Coombs（1995）认为，危机情境包括客观和主观两个层面，客观层面为危机种类与危害程度，主观层面着重在于认知与评价层面，即社会大众对危机责任归属的认定。他认为归因理论（attribution theory）提供了危机反应策略的关联性理论架构。Coombs界定的危机情境包括四个因素：危机种类、证据的真实性、危机伤害的程度以及组织过往的表现。这四个因素都会影响大众对危机责任归属的结果。

Coombs和Holladay（1996）以实验研究发现，影响危机类别与危机反应策略联结性的重要基础在于社会大众的归因情况。对于责任归因为组织内部者，若为无心的意外（accidents），适用的反应策略是强调组织的无心之过（unintentionality），以减轻组织的责任压力；若真属组织的错误作为（transgressions），则唯一的做法是修补策略，对外道歉并迅速修补组织的形象。如果外界指控组织的过失（fault）而又证据模糊，最佳策略是否认有危机的存在。

Coombs（2001）认为危机反应策略就是一种印象管理策略，是组织在面临危机时所使用的符号资源，目的在于保护组织受损的形象及影响利益关系人未来与组织的互动。Coombs的危机反应策略最初来自辩解策略，后来又加入了形象修复策略。不同的是，他归纳出最常用的危机传播策略，然后将这些策略根据不同情境串联成一种轴线式的关系。Coombs认为危机反应策略应该呈现出如连续带（continuum）的方式，随情境的不同有不同的反应对策（如图1）。他一共整理出七个策略的类目：攻击指控者（attack the accuser），否认（denial），托词辩解（excuse）、行为正当化（justification）、迎合（ingratiation）、修正行动（corrective action）、诚意道歉（full apology）。这七个类目应该配合危机情境来使用。危机情境可分为谣言、天灾、过失、意外事故、不当行为，分别对应不同的反应策略。

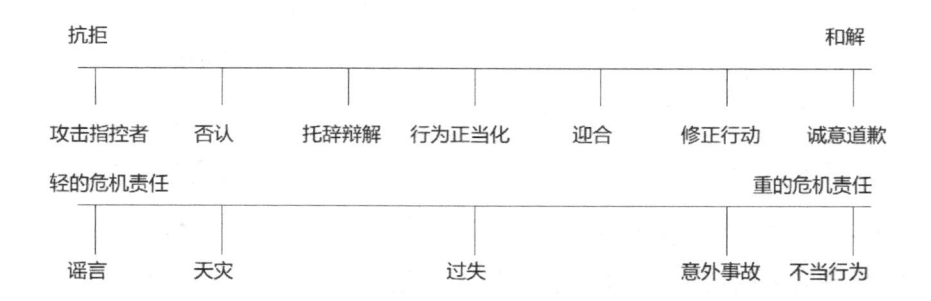

```
抗拒                                                    和解
├────┼────┼────────┼──────┼────┼──────┼────┤
攻击指控者  否认  托辞辩解  行为正当化  迎合  修正行动  诚意道歉
轻的危机责任                                    重的危机责任
├────┼────────────┼──────────┼────┤
谣言    天灾          过失        意外事故  不当行为
```

图1　危机情境与反应策略的关系图

Coombs还从关系管理的视角对危机情境与反应策略模式进行研究。通过实验法，验证了既有的关系确实影响大众对危机情境的认知，包括危机责任归属和组织形象评价。危机发生前，如果组织与利益关系人之间存在不友善的关系，则组织一旦发生危机，外界对危机的责任归因会较倾向加诸组织身上

（Coombs，Holladay，2001）。Coombs称此效果为"魔鬼毡效果（velcro effect）"。实验结果表明：① 组织对危机的内在控制程度越高，大众越会认为其应负担的危机责任越大，两者呈现正相关；② 组织被认定的危机责任越高，对组织的形象认知越不利，两者呈现负相关；③ 对组织的形象认知越正面，越有可能出现潜在的支持行为，两者呈现正相关；④ 组织对危机的内在控制度与组织形象的关系是间接的关系；⑤ 组织的过去表现会影响大众对组织责任及形象的评价。最后，根据研究结果构建出危机情境模式（crisis situation model）。

Coombs（2002）指出，危机传播情境理论（SCCT，Situational Crisis Communication Theory）清楚说明为了保护组织声誉资产，在选择危机反应策略时必须考虑变量、假设与关系。尽管已有许多研究采用情境的方法并触及情境理论的某些变量与关系，但Coombs的研究初次对危机传播的情境理论进行了检验。由于情境理论的前提是危机反应策略与危机责任归因相匹配，因此Coombs通过评估危机责任与组织声誉之间的相关关系在不同类型的危机中是否都存在，验证了情境理论的基本假设之一。研究结果支持了这个理论的设想并提出了进一步修正此理论的建议。

Coombs（2007）进一步阐述了情境理论对于组织危机管理者的意义。他认为，情境理论提供了一个基于证据的框架，有助于理解如何通过危机后的传播最大限度地保护组织声誉。情境理论识别了危机情境的关键因子是如何影响危机的特征以及组织的声誉。相反，也理解了利益相关者如何对危机过后的传播做出反应。情境理论的实证研究提供了一系列实践指南，告诉了危机管理者如何使用危机反应策略保护危机后的组织声誉。

Coombs（2007）探讨了利益相关者的情感对行为意向的影响。他以167个美国大学生为实验对象，测试了愤怒是否是危机责任与负面说法之间，以及危机责任与购买意图之间关系的调节因素。研究重点关注的是愤怒、危机责任和有意的负面说法之间的关系，可以称其为"消极传播动力（nagative communication dynamic）"。此研究把情感与行为意向联系起来，开始探索情感在危机传播中所扮演的角色，并证明了危机中的情感主要是由危机责任（指感知到的组织应为危机所负的责任）所带来的。研究结果证实了愤怒确实是上述两组关系的调节因素。Coombs建议未来的研究应该检验如何运用危机反应策略减少利益相关者的愤怒情绪，并减少消极传播动力的可能性。

黄懿慧（2008）检验了危机传播策略与危机反应形式对于公众信任度与关系承诺的影响程度。此项研究是建立在Morgan和Hunt（1994）的研究之上，该项研究认为危机传播包括两个重要组成部分：说什么（危机传播内容）和怎么说（危机反应形式）。研究采用了调查法，调查对象是台湾500强企业的传播与公关方面的管理者。研究结果表明，根据危机管理者的评估，危机反应形式（及时反应、一致反应与主动反应）与危机传播策略（否认、转移、借口、辩护、让步）均会对公众信任与关系承诺产生影响，就影响程度而言，前者的影响更大。结果进一步支持了"让步是一种有效的危机传播策略"的结论。

黄懿慧（2006）的研究进一步探讨了危机情境、危机反应策略与媒体报道三者间的关联性。黄懿慧采用多个个案研究设计，检视四种危机沟通策略和四种不同危机情境间的关系。研究以内容分析法进行资料分析，采用类型配对（pattern-matching）逻辑，分析了大约1220则有关四位政治人物危机事件的新闻报道。研究结果如假设：在特定危机情境中使用特定的危机沟通策略，会得到较佳的媒体形象报道。情境与策略配套使用如下：在犯行情境（commission situation）使用否认策略，控制情境（control situation）使用借口策略，各持标准情境（standards situation）使用合理化策略，同意情境（agreement situation）使用让步策略。研究也发现，除了同意情境外，综合使用多项危机沟通策略最为有效。

三、两种取向的危机传播策略总结

公关取向与修辞取向的危机传播策略的研究结果散落于不同的期刊文献中，本研究对其中较重要的策略类型与相关研究进行了归纳整理，如表2。

表2 两种取向的危机传播策略研究汇总表

	传播策略	相关研究
公关取向的危机传播研究	迅速沟通	Marra, 1998; Coombs, 1999; Davis, 1999; Ogrizek, Guillery, 1999 ; Fink, 1986; Williams, Treadaway, 1992; Augustine, 1995

续表

传播策略		相关研究
公关取向的危机传播研究	传播准确的信息	Fink, 1986; Mitroff, Pearson, 1993; Dawar, Pillutla, 2000; Garvin, 1996; Lerbinger, 1997; Tsang, 2000; Fink, 1986; Mitroff, Pearson, 1993; Coombs, 1999; Pines, 2000; Puchan, 2001
	适当的情感表达	Augustine, 1995; Tyler, 1997; McCroskey, 1997; Coombs, 1999
	媒体沟通与议题建构	Cooper, 1997; Lerbinger, 1997; Statesman, 1997; Sood et al., 1987; Duhe, Zoch, 1994; Fortunato, 2000; Sechlesinger, 1990; Andsager, Smiley, 1998; Ohl et al., 1995; Hunter et al., 2008
修辞取向的危机传播研究	辩解	Ware, Linkugel, 1973; Rybachi, 1979; Kruse, 1986; Coombs, 1995, 1999; Heath, 1994, 1997; Hearit, 1996; Tyler, 1997
	形象修复	Benoit, 1997; Benoit, Brinson, 1999; Benoit, McHale, 1999; Kernisky, 1997; Sellnow et al., 1998; Coombs, 2000; 王志良和晁钢令, 2006
	危机情境与反应	Coombs, 1995, 2001, 2002, 2007; Seeger et al., 2001; Coombs, Holladay, 1996; 黄懿慧, 2006, 2008

公关取向的危机传播策略研究来源于公关中的管理学派，理论根源是系统论（Grunig, Hunt, 1984; Grunig, White, 1992; Grunig, 2001）。组织在危机发生后，平时保持平衡的系

统遭到破坏，此时危机传播策略的主要作用就是与公众进行良好的沟通，使组织与公众不和谐的关系恢复到平衡状态。公关取向的理论前提是对外沟通良好的组织在危机事件发生时所承受的损害，会比对外沟通不良的组织来得轻微（Fearn-Banks，2001；Marra，1992）。观察表2可以看出，此取向的研究关注的就是"如何传播资讯与公众形成良好沟通"，包括传播及时的资讯、传播准确的资讯、利用新闻发言人来传达资讯、建构媒体议题以控制资讯，着眼点都在"资讯"二字。管理学派认为，公关部门作为组织的一个重要次系统，应该有权力参与组织在沟通管理上的决策过程（Dozier et al.，1995）。因此，公关取向的危机传播策略需要从管理的高度思考才能得以决策和执行，例如在组织内组成危机管理小组，选择权威人士充当新闻发言人等。

修辞取向的危机传播策略研究来源于传统的修辞理论，理论根源是象征互动论和社会责任论（Heath，1992，2001）。组织在危机发生后，利用各种符号资源替组织的行为辩解，并且通过对话达到说服及意义分享的目的。修辞取向的理论前提是危机时的修辞是组织重要的符号资源，运用得当者可以从危机事件中全身而退，维护组织形象（Coombs，Holladay，1996）。观察表2可以看出，此取向的研究关注的就是"如何运用适当的修辞以挽救组织形象"，包括辩解、否认、道歉等修辞策略的采用，着眼点都在"修辞"二字。公关取向的研究把组织看成是个"需要保持平衡的系统"，因此希望达到与公众双向平等的沟通。而修辞取向的研究主要是说服，其传播事实上是一种说服传播，目的是挽救组织的形象。

吴宜蓁（2005）对两种取向的研究进行了比较，本研究选择其中的策略对比部分进行了修改，结果如表3。两种研究取向的策略在实践领域都得到了广泛的运用。

表3　两种取向的危机传播策略比较

	公关取向	修辞取向
何为策略	解决危机的手段与工具	组织对外的叙事或论述
策略目标	是否与公众形成有效沟通	是否挽救组织形象与说服公众
策略的决策角色	危机处理小组与新闻发言人	组织
策略的应用时间	迅速反应，掌握时效	未讨论
策略的执行	强调策略的运用步骤	强调不同策略类型在不同情境的运用
策略的主要观点	迅速公布真相，沟通正确信息，利用媒体建构议题，以尽快取信于公众	采用保护组织形象的合适言说策略，甚至允许模糊言说、否认等
研究对象	危机个案	危机事件的文本
主要研究方法	文献研究、个案分析	内容分析、实验法

第三节　危机传播效果

危机传播领域目前的研究重心大多放在策略检视上，效果研究并不多见。吴宜蓁（2005）指出，究其原因并非研究者不重视，而是研究的可行性受限。因为危机事件事出突然且稍纵即逝，研究者很难掌握危机事件的时效并及时对效果进行研究。另外，危机传播的效果究竟指何种层面，也因研究者的观点差异而有很大的区别。

本研究经过对文献的收集整理，发现企业与品牌危机传播效果的研究主要出现在两类文献，一类是公关的相关研究文献，另一类是营销的相关研究文献。公关的研究文献更多从组织公关的角度出发，研究重点在于危机传播策略对于媒体报道、社会大众心理层面及社会制度层面产生的影响。营销的研究文献更多从营销或品牌的角度出发，研究重点在于危机对市场表现、品牌资产及消费者认知态度层面产生的影响。由于本研究关注的是品牌危机，结合两种不同视角的研究成果，把品牌危机传播效果的研究归纳整理成四种：一是对媒体报道的影响；二是对消费者认知与态度的影响；三是对品牌资产的影响；四是对品牌市场表现的影响。

一、危机传播对媒体报道的影响

Burns和Bruner（2000）指出危机处理效果评价应主要从两个方面进行：一是文本的选择；二是策略的效果测量。在文本选择方面，Cameron（1980）提出六项内容：① 评估应集中于什么范围？② 考虑谁的观点？③ 使用什么分析层面？④ 注重长期还是短期？⑤ 使用什么类型的资料？⑥ 评估的比较标准是什么？在效果测量方面，可以利用传播学的内容分析法，包含媒体的分析、媒体的观点、报道的版面大小等，使策略的效果得到检验。

在评估应该关注什么内容和范围方面，不少学者认为，危机发生后组织的大部分策略信息是通过媒体传播给公众的，因而危机公关的效果最直接体现在媒体上。Siomkos（1999）调查发现，消费者对于组织危机处理能力的评价会受到媒体报道评价的影响。Kim等（1999）则将广告效果评估指标运用到危机传播效果上，比较1996年美国两起严重的空难[4]在媒体报道呈现上的差异。他们运用广告效果测量上的每千人成本（CPM）和视听众总暴露度

---

[4] 指ValuJet Flight 592 与 TWA Flight 800。

（GI）的概念，测量媒体报道的到达率和经济效益，代表该航空公司在空难危机处理上的成效。结果表明，TWA比ValuJet获得更多的媒体报道量，且报道内容比较正面。

吴宜蓁（2000）主张将媒体效能（effectiveness）作为危机效果评估的焦点。媒体效能的指标可以分成三个面向：① 危机管理机构被引为主要消息来源的程度；② 媒体报道给予危机管理机构的正面或负面评价；③ 媒体记者对危机管理机构的整体评价。

二、危机传播对消费者认知与态度的影响

虽然危机传播的一个直接结果体现在对媒体报道的影响，但媒体只是起着传播信息的作用，组织的危机传播行为最终的作用层面应该是公众。组织形象（image）存在于公众的心中，危机应对和传播的效果主要体现在公众对组织的认知与态度上。已有的研究从实证角度证明了危机传播对消费者的认知与态度有着重要的影响。

Benoit（2000）认为，公众认知是危机效果最主要的证据，应该根据调查公众是否接受或相信企业的说辞和应对方式来评估传播效果。一些学者从危机后消费者的认知层面探讨危机传播效果。Jolly和Mowen（1985）采用实验法，调查了公司进行产品召回时影响消费者认知的三个因素：当公司以一种具有社会责任感的方式处理事情时，消费者对公司会有更好的认知；在提及产品召回时，政府的新闻稿比公司的广告更加客观；印刷媒体比声音

第二章　品牌危机传播效果的影响因素

媒体更可信，且有时更客观。

相比之下，研究者更加关注危机后消费者的品牌态度，且由于购买行为意向往往在很大程度上受到态度的影响，不少研究把危机后消费者的品牌态度与行为意向一起作为因变量。

Siomkos和Malliaris（1992）采用实验法，针对发生危机前的公司声誉、公司对危机事件的反应、公司在危机中面对的外部影响三个因素研究了公司应在危机中采取何种处理方式。结果表明，要使危机发生后让消费者拥有对企业的良好态度，公司在产品伤害危机中应该采取如下行动：① 高声誉的企业应对有伤害的产品自愿回收；② 非常努力地证明公司的真诚及对消费者的关心；③ 向消费者直接披露产品伤害的相关数据；④ 努力使组织拥有第二次机会。

在这个研究的基础上，Siomkos等（1994）发现，以上对三个因素的分类过于宽泛，以至于这种分类可能会阻碍管理者采取最有效的危机策略。还应该包括一些次级分类，例如：与强度无关的可感知到的伤害，以及产品的使用者知道产品缺陷的可能性，等等。事实上，在产品伤害危机发生后，消费者通常是较无力的，在没能对产品的危害做出正确判断之前，他们通常只能选择远离该产品。于是Siomkos提出假设：那些拥有高知名度和良好声誉的企业、那些危机发生时外部效应较正面的企业、那些采取较合适的危机反应策略的企业，消费者未来的产品购买较不会受到负面的影响。

Siomkos和Rao及Narayanan（2001）延续1992年的研究，采用实验法研究了三个因素对消费者态度变化的影响。他们将消费者态度分为积极情感和消极情感,并根据三个因素把危机情境分成三类。实验结果与预期的并不一致,即三个因素与消费者态度变动之间并不存在着明显的关系。当企业声誉较高、危机后的外部影响积极、企业应对危机水平低时,对持有消极情感的消费者态度变化影响大;当企业声誉较低、危机后的外部影响积极、企业应对危机水平高时,对持有积极情感的消费者态度变化影响大。

Stockmyer(1996)试图检验消费者对产品危机的反应,从而为企业管理者提供观察危机反应的视角。他采用实验法,证明了以下几个假设:① 在产品干预性危机事件中,那些采取积极行动的公司比不积极行动的公司,消费者对前者拥有更多的认同、同情,但不一定就拥有更高的购买意图;② 在产品干预性危机事件中,那些对品牌忠诚的消费者比不忠诚的消费者,拥有更多的认同、同情及购买意图,对于持续使用该品牌感受到的风险更少;③ 在产品干预性危机事件中,购买意图与对品牌的认同之间存在正相关,与持续使用该品牌感受到的风险存在负相关。

Laczniak(2001)从归因理论的视角,研究了负面的口碑(word-of-mouth)传播对消费者评价品牌的影响。实验结果表明,消费者对负面信息的偶然归因,会减弱负面口碑传播对品牌评价的影响。信息接收者对负面信息的归因受负面口碑传播方式的影响,并且品牌名字会影响消费者对信息的归因。消费者如果把负面口碑传播的信息归因于品牌,则对品牌的评价较差,如果归因于传播者则对品牌的评价较好。

Richey和Koenigs(1975)的研究表明,一个负面的信息会冲抵（neutralize）五个正面信息的影响。其他研究表明，负面信息比正面信息会带来更强烈更持久的与产品信念有关的属性（Mizerski，1982；Richins，1983）。负面信息比正面信息更强烈地影响消费者的态度和购买意图，特别是在服务领域（Weinberger，Dillon，1980）。

Griffin和Babin（1991）采用实验法研究了危机事件对消费者态度与意图的影响。他们在研究中测量了负面信息的三个特征对消费者态度的影响。这三个测量维度包括：责任所在、报道来源的可信度、公司过去的所作所为（Sherrell，Reidenbach，1986）。研究还测量了公司所采取的反应策略对消费者态度的影响，并分析讨论了消费者对反应策略的建议。该研究验证了提出的四条假设：① 公司在负面事件中的外部责任相比内部责任，会引发消费者更正面的态度和更强的购买意愿；② 更少的可信的报道来源会引发消费者更正面的态度和更强的购买意愿；③ 没有产品失败历史的公司会让消费者拥有更正面的态度和更强的购买意愿；④ 修正策略比否认策略会让消费者拥有更正面的态度和更强的购买意愿。其中，第二条假设似乎与一般的认识有些相悖，但也有同样的实证研究与Griffin等的研究一致。Weiner和Mowen（1986）调查了专家来源对消费者态度的影响，他们发现当消费者怀疑来源的观点带有偏见时，被试会非常不相信这条信息。

三、危机传播对品牌资产的影响

Stockmyer（1996）首先考虑了产品伤害危机对品牌资产的

影响。他认为危机管理方法忽视了消费者的反应,把消费者反应看作管理者反应的一个直接函数,把同情心作为一个因变量加以考虑,认为消费者可以帮助受到伤害的品牌。

Dawar(1998)基于品牌的符号理论,提出品牌资产具有脆弱性,指出品牌资产可能被产品伤害危机所损害。Keller(1993)说过,一个公司最有价值的资产莫过于通过公司先前营销上的努力而在消费者头脑中建立起来的品牌知识。品牌资产包括消费者的品牌意识、认知联想以及品牌的可信度。虽然品牌资产的重要性已经是公认的事实,但对于品牌资产的脆弱性了解很少。品牌资产会被有缺点或有危险的产品(通称的产品伤害危机)所伤害。当产品伤害危机发生后,公司采取各种各样的方式应对危机,这些不同的危机处理策略对品牌资产的影响也是不同的。基于这样的现实,Dawer尝试提出一个理论框架,以利于之后对危机反应策略给品牌资产带来的影响这一命题进行实证研究。Erdem和Swait(1998)认为,品牌是有效的质量符号。品牌符号的质量受两个因素影响,一是公司之前在营销定位上的投入,二是消费者之前的品牌经验。基于此,Dawar提出三个主张:① 品牌在产品伤害危机中的投入提高了品牌符号可信度并增强了品牌资产;② 消费者先前的经验有利于调适品牌投入对品牌符号可信度的影响,特别是当公司对危机的反应是摇摆不定时,消费者先前的经验对品牌符号可信度的影响很大,而当公司对危机的反应很清晰时,事实上的品牌投入则对品牌符号可信度的影响很大;③ 品牌在产品伤害危机中的投入提高了其他维度上的品牌联想。

基于以上的研究,Dawar和Pillutla(2000)利用一项实地调查及两项实验来说明这种损害是由危机发生时消费者对公司的期望以及公司的反应的交互作用引起的。研究发现：① 危机会伤害品牌长期以来在消费者心中形成的良好形象，受到影响的主要是消费者对品牌的信任以及对产品的评价，这种影响甚至超过销售上的影响；② 拥有品牌偏好的消费者对企业的危机处理行为更加关注，而偏好其他品牌的消费者则更重视危机所带来的伤害；③ 品牌声誉较高的企业较不容易受到危机事件的冲击，品牌声誉低的企业一旦遇到危机，其影响往往是致命的。

Klein和Dawar（2004）研究了消费者对企业社会责任的归因如何影响品牌资产。他们认为，承担社会责任能够提高企业自身的市场竞争力和在股票市场上的表现。通过实验研究发现：① 消费者对企业社会责任的归因会对品牌评价产生强烈的负面影响，从而影响未来的购买意图；② 企业社会责任在消费者归因与消费者负面评价、品牌评价和未来购买意图间充当了中介变量；③ 消费者对企业社会责任的归因具有延续性，对消费者的行为具有较长久的影响。

四、危机传播对品牌市场表现的影响

除了研究危机传播对品牌资产的影响，还有一些研究关注危机传播对品牌市场表现的影响。有的学者研究品牌危机对股票价格的影响（Marcus, Swidler et al., 1987; Davidson, Worrell, 1992; Ting-Heng, Che-Chun et al., 2005）。有的学者研究品牌危机对品牌消费需求的影响（Burton, Young,

1996；Marsh，Schroeder et al.，2004；Piggott，Marsh，2004）。

这一类型的影响研究主要针对产品伤害危机。产品伤害危机是最典型的品牌危机，学者们对品牌危机的研究大部分是从产品伤害危机开始的。产品伤害危机发生后，很多企业会选择产品召回来重新取得消费者的信任，以挽救处于危机中的品牌。因此，研究重点关注产品召回对品牌市场表现的影响。

Davidson和Worrell（1992）发现，产品召回声明与股票价格不正常的下跌有关。而在产品召回中，停止出售或按售价退款比仅仅是召回产品维修或检查，对股票的不正常下跌影响更大。政府下令的召回比自愿的召回给股票价格带来更加负面的影响。Heerde等（2005）研究了这种影响的长期效应和短期效应。Cheah等（2007）研究了药物行业，调查了拥有CSR行为的企业和没有拥有CSR行为的企业，在发生产品召回时的营销反应是否不同，并就美国和英国这两个市场进行了对比。

Hartman（1987）研究了产品回收对二手价格和公司评价的影响。研究检验了当产品召回所带来的信息与之前的质量信息之间相互矛盾时，召回给美国二手车市场的产品质量认知带来迅速与广泛的影响。Rhee和Haunschild（2006）通过对美国1975年到1999年汽车行业产品召回相关资料的研究，检验了企业的良好声誉对产品缺陷的市场反应所带来的影响。研究结果证实了声誉是组织的不利因素，高声誉的企业由于召回产品而遭受更多的市场打击。他们还提出，声誉的影响会被可替换性（substitutability）和专业性两个因素所调和，那些没有什么可以替代声誉的企业以及产品特征比较专业的企业,会由于召回产品而遭受更负面的市场反应。

一个比较普遍的认识是危机会给品牌的市场表现带来负面影响,而处理不当的危机会在较长时间内毁灭一个品牌。错误的危机公开应对方式对品牌的伤害,比危机本身对品牌的伤害还要大。例如Andrews和Kim（2007）的研究认为,脆弱或管理得不好的品牌要花很多年才能成功地恢复市场地位,特别是在国际市场。花大量时间和努力建立起来的成功品牌可能因为一个负面消息在很短的时间内影响到大量消费者,从而使这个品牌被迅速削弱。

但也有学者通过研究持有另一种观点,即一次处理得当的危机可以强化一个品牌,比如泰诺。如果处理得当,消费者可以接受一个曾经犯过错误的品牌。Kumar和Tavassoli（2006）认为,产品召回不应该转化成品牌危机,只要处理得当,它甚至可以成为建设品牌的机会。戴尔公司在2006年决定召回并替换4.1万台笔记本电脑的电池,这个决定已不仅仅是与法律责任有关。一次处理得漂亮的产品召回,正是一次证明品牌对消费者负责任的绝好机会,而这在平时正常的营销行为中是很难找到的。

第四节　影响危机传播效果的因素

一、危机反应与传播策略

企业对危机事件的反应与传播被证明是影响关键营销变量的因素（Aaker,1991；Keller,1993；Williams,Olaniran,1998），然而已有研究关注危机反应与传播策略效果的并不多（Dawar,Pillutla,2000）。

一些研究关注危机传播的信源，包括传播媒介、来源可信度对效果的影响。Jolly和Mowen（1985）采用实验法，调查了公司进行产品召回时影响消费者认知的因素，发现在提及产品召回时，政府的新闻稿比公司的广告、印刷媒体比声音媒体具有更高的可信度。Griffin和Babin（1991）证明报道来源的可信度会影响消费者的态度。Siomkos和Malliaris（1992）采用实验法，发现危机发生后报社新闻稿非常重要，新闻稿对危机的反应可以定义公司在危机中面对的外部效应。为了达到良好的传播效果，公司在处理危机时应该非常努力地证明公司的真诚及对消费者的关心，向消费者直接披露产品伤害的相关数据。

另一些学者从修辞学角度，探讨了企业在危机发生后采用的修辞对消费者认知与态度的影响。Lyon和Cameron（2004）采用了被试内实验，评估了声誉和危机传播的修辞策略，主要是防御（defensive）和道歉（apologetic）策略之间的相互作用。研究发现，声誉和危机修辞策略都会影响消费者的态度和行为意向，但相比较而言，声誉的影响更明显。实验结果表明，采取道歉而不是防御策略，会让消费者产生更好的态度和更强的购买意向。Siomkos（1989）发现，在修辞上对责任的否认和召回说明中表现出的不情愿都将对公司声誉产生负面影响。Kabak和Siomkos（1990）提出了企业的修辞应对策略是危机处理的关键要素，研究了否认、不情愿的法律服从、自愿补偿以及积极努力等四个修辞具体策略的传播效果。

Siomkos的一系列实验研究检验了危机反应策略水平对效果的影响。在这个研究的基础上，Siomkos等（1994）发现，事实上在产品伤害危机发生后，消费者通常是较无力的，在没能对产品的危害做出正确判断之前，他们通常只能选择远离该产品。于是Siomkos提出假设：那些采取较合适的危机反应策略的企业，消费者未来的产品购买较不会受到负面的影响。Siomkos和Rao及Narayanan（2001）延续1992年的研究，采用实验法研究了三个因素对消费者态度变化的影响。实验结果证明，当企业危机应对水平低时，对持有消极情感的消费者态度变化影响大；当企业危机应对水平高时，对持有积极情感的消费者态度变化影响大。

Stockmyer（1996）证实对于采取积极行动的公司比不积极行动的公司，消费者拥有更多的认同和同情，但不一定就拥有更高的购买意图。Dawar（1998）则认为，品牌在产品伤害危机中的投入水平提高了品牌符号可信度和品牌联想，从而增强了品牌资产。

危机传播策略的传播效果受到一些因素的调节，Dawar和Pillutla（2000）的研究检验了"消费者预期"这个因素。研究者利用一项实地调查及两项实验，证明了品牌资产受到伤害是由危机发生时消费者对公司的期望以及公司的应对策略之间交互作用引起的。当企业给出的说法模棱两可时，消费者倾向于按自己预期的方向来理解这些说法。研究还发现，拥有品牌偏好的消费者对企业的危机反应行为更加关注，而偏好其他品牌的消费者则更重视危机所带来的伤害。

二、品牌声誉

学界一直有两种对立的看法：一种认为良好的企业声誉可能是不利因素，另一种认为是有利因素。之所以认为良好的声誉是不利因素，是因为对于声誉良好的产品而言，消费者对产品质量的期望更容易被质量缺陷所打击。Rhee和Haunschild（2006）通过对美国1975年到1999年汽车行业产品召回相关资料的研究，检验了企业的良好声誉对产品缺陷的市场反应所带来的影响。研究结果证实了声誉是组织的不利因素，高声誉的企业由于召回产品而遭受更多的市场打击。那些没有什么可以替代声誉的企业以及产品特征比较专业的企业，会由于召回产品而遭受更负面的市场反应。

相反的观点认为，良好的企业声誉是有利因素，因为它拥有一种惯性作用。Siomkos和Malliaris（1992）采用实验法，验证了在同等条件下，危机前声誉高的企业，在危机后消费者对其态度比较正面。因此研究者建议，高声誉的企业应该主动召回有问题的产品，这时他们能从消费者更为正面的态度中获益。Dawar和Pillutla（2000）研究发现，品牌声誉较高的企业较不容易受到危机事件的冲击，品牌声誉低的企业一旦遇到危机，其影响往往是致命的。Lyon和Cameron（2004）从关系取向检验了企业先前声誉和危机时采取的修辞策略之间的相互作用。研究采用了被试内实验，评估了危机传播和声誉管理中的两个因素：好的声誉和差的声誉，防御和道歉反应策略之间的相互作用。研究发现，声誉和危机反应都会影响消费者的态度和行为意向，但相比较而言，声誉的影响更明显，证实了声誉管理的重要性。实验结果表明，良好的企业声誉会让消费者产生更好的态度和更强的购买意向。Coombs（2006）的研究证实了组织先前的声誉在危机中会产生所谓的"月晕效应（halo effect）"。对于危机前就拥有良好声誉的组织而言，"月晕"会在一个有限的范围内产生作用。研究数据表明，在危机中"月晕"对组织是一种保护力量，而非一种利益。

三、危机责任归因

来源于心理学的归因理论（attribution theory）在危机研究中越来越被重视，它被认为是连接危机情境与危机处理策略之间的桥梁（Coombs，2004）。归因的重要性在于，它是改变并提升消费者判断的基础，而且在决定消费者对危机做何反应中占着重要地位（Folkes，1984，1988）。

何为归因？Folkes（1984）认为，归因是在非常规环境下最普遍的消费者认知过程。Weiner（1985）则认为，归因是人们对于一个特殊事件发生原因的感知。Weiner和Perry及Magnusson（1988）进一步将归因理论定义为：消费者如何运用认知来判断企业是否应该对事件负责任。

一些学者从归因的影响角度进行研究，发现消费者归因会对态度与行为产生很大影响。Laczniak（2001）从归因理论的视角，研究了负面的口碑（word-of-mouth）传播对消费者评价品牌的影响。实验结果表明，消费者对负面信息的偶然归因，会减弱负面口碑传播对品牌评价的影响。信息接收者对负面信息的归因受负面口碑传播方式的影响，并且品牌名字会影响消费者对信息的归因。消费者如果把负面口碑传播的信息归因于品牌，则对品牌的评价较差，如果归因于传播者则对品牌的评价较好。

Klein和Dawar（2004）研究了消费者对企业社会责任的归因如何影响品牌资产。通过实验研究发现：① 消费者对企业社会责任的归因会对品牌评价产生强烈的负面影响，从而影响未来的购买意图。② 企业社会责任在消费者归因与消费者负面评价、品牌评价和未来购买意图间充当了中介变量。③ 消费者对企业社会责任的归因具有延续性，对消费者的行为具有较长久的影响。Coombs（1995，1996，2001）的一系列实验从归因理论出发，证实了责任归因对危机传播策略的采用及公众认知的影响。此部分在危机传播策略中已经详细介绍，在此不做赘述。

Klein和Dawar（2004）通过文献回顾发现，关于归因的决定要素，最具说服力的是Weiner（1986）归纳的三要素：① 稳定性（stability），即导致危机发生的原因是相对暂时的还是相当持久的；② 原因归属（locus），即导致危机发生的原因在哪一方；③ 可控制性（controllability），即事件发生的原因是人为的还是自身无法控制的。

四、消费者相关变量

一些文献研究了消费者相关变量对危机传播效果的影响，包括消费者的品牌忠诚（Stockmyer，1996）、消费者对品牌的承诺（Ahluwalia et al.，2000）、消费者积极或消极的情感（Siomkos，Rao，Narayanan，2001）、消费者先前的经验（Dawar，1998）、消费者心理预期（Dawar，Pillutla，2000），以及人口统计特征之性别（Laufer，Gillespie，2004）、年龄（Laufer，Silvera，Meyer，2005）对危机传播效果的影响。

Stockmyer（1996）检验了品牌忠诚度的影响作用。他采用实验法，证明了在产品干预性危机事件中，那些对品牌忠诚的消费者，相比不忠诚的消费者，拥有更多的认同、同情及购买意图，对于持续使用该品牌感受到的风险更少。

Ahluwalia等（2000）的研究发现，消费者对品牌的承诺会调适品牌负面信息产生的影响。当高承诺（high-commitment）的消费者接收到品牌的负面信息以后，第一反应是对这个信息进行反驳。而低承诺（low-commitment）的消费者对品牌的态度更容易受到品牌负面信息的影响。Ahluwalia（2001）进一步发现，消费者关于品牌的承诺对营销传播的溢出效应（spillover effect）有一定的调适作用。当消费者对品牌存在承诺时，负面信息的溢出效应会减少。

Siomkos和Rao及Narayanan（2001）验证了情感变量对于影响的调节作用。他们将消费者态度分为积极情感和消极情感，发现当企业危机应对水平低时，对持有消极情感的消费者态度影响较大；当企业危机应对水平高时，对持有积极情感的消费者态度影响较大。Dawar（1998）则认为，消费者先前的经验有利于调适品牌投入对品牌符号可信度的影响，特别当公司对危机的反应摇摆不定时，消费者先前的经验对品牌符号可信度的影响很大。而当公司对危机的反应很清晰时，事实上的品牌投入对品牌符号可信度的影响很大。

Laufer的研究则关注了人口统计特征对危机传播效果的影响。Laufer和Gillespie（2004）选择性别作为影响变量，发现在产品伤害危机中，女性比男性更倾向于强烈地责备企业。Laufer和Silvera及Meyer（2005）对年龄变量进行研究，发现在产品伤害危机中，年老的消费者更倾向于强烈地责备企业。

五、影响因素研究总结

在关于危机传播效果的研究中，研究者们提出了各种影响因素。相对而言，较多研究探讨了危机前的品牌声誉

(Siomkos, Malliaris, 1992; Siomkos et al., 1994; Dawar, Pillutla, 2000; Siomkos, Rao, Narayanan, 2001; Lyon, Cameron, 2004; Rhee, Haunschild, 2006)、危机处理与传播策略（Jolly, Mowen, 1985; Weiner, Mowen, 1986; Kabak, Siomkos, 1990; Griffin, Babin, 1991; Siomkos, Malliaris, 1992; Siomkos, 1994; Stockmyer, 1996; Dawar, 1998; Lyon, Cameron, 2004）、危机责任归因（Nickell, 1981; Griffin, Babin, 1991; Coombs, 1995, 1996, 2001; Laczniak, 2001; Klein, Dawar, 2004）对危机传播效果的影响。还有一些研究者探讨品牌忠诚（Stockmyer, 1996）、消费者预期（Dawar, Pillutla, 2000）、消费者的人口统计特征变量[如年龄（Laufer, Silvera, Meyer, 2005）和性别（Laufer, Gillespe, 2004）]对危机传播效果的影响。对这些影响研究进行整理，如表4所示。

在危机传播策略对营销变量的影响问题上，已有文献只是零散地从一些传播变量角度进行研究，例如否认策略、报社新闻稿等，亦如整个危机传播领域的研究一样缺乏系统知识与理论框架分析（Falkheimer, Heide, 2006）。危机前品牌声誉较被研究者重视，然而研究结论不一致，有的证实是正面影响消费者态度与品牌资产的变量，有的证实是负面影响。危机责任归因被认为是决定消费者在危机中反应的关键要素（Folkes, 1984, 1988），然而它的作用机理在已有的文献中体现得并不清晰。消费者相关的变量较多，但哪些是主要变量以及是作为主要影响变量还是调节变量，已有研究并没有深入与系统地对这些变量进行探讨。

表4 危机传播效果的影响研究汇总表

影响因素	具体变量	效果	研究文献
危机处理与传播策略	信息传播媒体	传播可信度	Jolly, Mowen, 1985
	报道来源可信度	消费者态度	Griffin, Babin, 1991
	报社新闻稿	传播效果	Siomkos, Malliaris, 1992
	防御与道歉策略	态度与行为意向	Lyon, Cameron, 2004
	修辞策略	传播效果	Kabak, Siomkos, 1990
	否认策略	公司声誉	Siomkos, 1989
	反应策略	购买行为	Siomkos et al., 1994
	行动积极性	消费者认同与购买意图	Stockmyer, 1996
	投入水平	品牌资产	Dawar, 1998
	应对水平	消费者品牌态度	Siomkos, Rao, Narayanan, 2001
	应对策略	传播效果	Dawar, Pillutla, 2000
品牌声誉	品牌声誉	品牌市场反应	Rhee, Haunschild, 2006
	声誉	消费者态度与购买意图	Lyon, Cameron, 2004
	企业声誉	企业形象	Coombs, 2006
	企业声誉	消费者态度	Siomkos, Malliaris, 1992
	企业声誉	消费者态度	Siomkos, Rao, Narayanan, 2001
	品牌声誉	品牌资产	Dawar, Pillutla, 2000

续表

影响因素	具体变量	效果	研究文献
危机责任归因	企业危机责任归因	消费者对产品回收的反应	Nickell, 1981
	责任归因	危机传播策略的采用及公众认知	Coombs, 1995, 1996, 2001
	负面信息归因	品牌评价	Laczniak, 2001
	责任归因	品牌资产	Klein, Dawar, 2004
消费者相关变量	积极情感与消极情感	调节作用	Siomkos, Rao, Narayanan, 2001
	品牌忠诚	消费者认同与购买意图	Stockmyer, 1996
	品牌承诺	品牌态度	Ahluwalia et al., 2000
	消费者心理预期	品牌资产	Dawar, Pillutla, 2000
	年龄	消费者抱怨	Laufer, Silvera, Meyer, 2005
	性别	消费者抱怨	Laufer, Gillespie, 2004

第五节　文献总结与研究模型

一、文献总结

本研究主要针对危机传播和品牌危机两个领域的文献进行回顾与综述，重点关注三个方面：① 危机传播的策略，包括公关取向与修辞取向；② 危机传播的效果；③ 影响危机传播效果的因素。

在危机传播策略方面，已有的研究从公关取向与修辞取向两个视角进行研究。公关取向的危机传播策略关注的是"如何传播资讯与公众形成良好沟通"，包括传播及时的资讯、传播准确的资讯、利用新闻发言人来传达资讯、建构媒体议题以控制资讯，着眼点都在"资讯"二字。修辞取向的危机传播策略研究关注的是"如何运用适当的修辞以挽救组织形象"，包括辩解、否认、道歉等修辞策略的采用，着眼点都在"修辞"二字。两种策略的立论基础、理论前提、策略重点及应用层面都不一样，研究者在

第二章　品牌危机传播效果的影响因素

验证影响危机传播效果的因素时，大多选取这两种取向策略中的某一个或某几个具体策略进行研究。

在关于危机传播效果的研究中，研究者建构了各种影响因素与营销变量之间的影响关系。相对而言，较多研究探讨了危机前的品牌声誉、危机处理与传播策略、危机责任归因对危机传播效果的影响。还有一些研究者探讨品牌忠诚、消费者预期、消费者的人口统计特征变量（如年龄和性别）对危机传播效果的影响。在效果层级上，主要关注消费者层面的认知、态度、行为意向等变量，以及品牌资产和市场表现。

通过以上的综述，可以发现已有文献关于危机传播策略对营销变量的影响研究零散且不深入。危机传播效果取决于危机传播策略的应用，因此危机传播策略是影响危机传播效果最重要的因素。不妨可以说，危机传播策略是影响危机传播效果因素中最值得进一步研究的。危机前的品牌声誉和危机责任归因虽然比较被研究者重视，但是研究结论不一致，其对营销变量的作用机理体现得并不清晰。综上，已有的文献中并没有系统对"品牌危机传播效果的影响机制"进行相关研究，此问题乃研究中的空白。但已有文献为本研究的研究前提、研究范式、研究假设的推导提供了重要的理论启示。

要测量危机传播的效果，首先要确定危机的"公众"是谁。Pearson和Clair（1998）提出，危机有没有真正伤害到消费者并不重要，只要消费者在心理上认为受到伤害，他们就会自视为危机的受害者，并对品牌形象产生较消极的认知。通过对已有文献的研读发现，很多研究是以这个观点为前提的。基于此，本研究将品牌危机的"公众"界定为了解危机事件并已经在心理上形成消极认知的广大消费者,而不仅仅是受害者[⑤]。

本研究关注的是危机传播效果的影响机制问题,重点探讨的是影响因素、路径、相互作用方式、效果层级等内容,没有把危机传播阶段、危机类型与组织类型这些变量纳入影响因素进行考虑,原因在于:本研究探讨的是一般作用规律而非如何选择策略的问题,危机阶段、危机类型与组织类型的不同并不会干扰这些因素的作用机理,但可以在后续研究中通过选择以上变量的不同水平或类型建构不同的危机情境,以进一步验证影响模型对于不同情境的适用性。

王志良(2010)以研究方法与研究内容为区分指标,把危机处理的相关研究分成三种范式:第一种类型的研究属于描述性研究,大多以案例研究为基础,指出企业如何采取管理活动以避免危机发生,应对危机时应该采取什么策略与原则;第二种类型的研究主要采用纵向数据对比的方法,集中测量危机导致的一些结果,例如对市场表现、股票价格的影响;第三种类型的研究主要采用实验手段,对潜在作用机制进行探讨,评估特定的危机情境或中介变量对品牌评价的影响,例如公司社会责任、品牌承诺等。

---

⑤ 例如,丰田危机事件的公众并不仅仅是踏板出现质量问题的丰田车主而已,那些了解丰田事件并从丰田危机事件中感受到消极认知或伤害的消费者都是事件的公众。

本研究属于第三种范式，探讨的是品牌危机传播效果的影响机制问题，采用以问卷调查为主的实证研究方法，主要评估传播层面和品牌层面的相关变量对品牌的认知、态度、行为意向产生了什么影响。

二、研究假设与模型

Morgan和Hunt（1994）的研究认为危机传播策略包括两个重要组成部分：说什么（传播内容）和怎么说（反应方式）。这个研究结论虽被学者广泛引用，但大多用于实践层面的探讨。

危机传播的"说什么"主要指危机传播内容，即危机发生后组织向外界传递的信息内容。综合公关取向和修辞取向的研究，可以看出公关取向重在强调危机传播信息的资讯影响力，修辞取向重在强调危机传播信息的修辞适当性。资讯影响力和修辞适当性共同构成了危机传播的信息质量，只有采用适当的修辞，并且在资讯的传播上产生足够的影响力，才能实现高质量的危机传播，从而产生良好的消费者态度与行为意向。因此，本研究认为影响危机传播效果的第一个变量是危机传播的修辞力。危机传播修辞力指危机发生后品牌对外的信息在修辞上的恰当性，无论是尽快公布真相还是采用否认、道歉等修辞策略，都应该达到以下要求：客观描述事件的真实情况、正面回应关于事件的问题、主动公布事件的进展、沟通时重视消费者的利益、为造成的伤害或损失道歉、提出今后品牌的修正行为承诺等等。第二个变量是危机传播资讯力，指危机发生后品牌对外传播的信息在资讯上的影响力，不管是什么类型的危机，一个良好的危机传播应该包括：能够迅速地传播事件信息，传播满足公众需求的丰富的事件信息，能够及时更新事件信息，能够较为全面地传播事件信息，等等。

危机传播的"怎么说"指危机发生后品牌的反应方式，如选择意见领袖作为发言人、利用权威媒体发布声明等。这些可以看成是影响消费者对危机事件态度的一种边缘线索。已有的研究证实了不同的信源会带来不同的消费者态度，例如政府的新闻稿比公司的广告、印刷媒体比声音媒体更可信，更能引起消费者积极的认知（Jolly, Mowen, 1985），报道来源的可信度会影响消费者的态度（Griffin, Babin, 1991）。危机传播是试图减少对品牌的伤害、让消费者信任品牌的传播行为，其信息来源的可信度直接影响传播效果，因此本研究认为危机传播信源的可信度是影响危机传播效果的另一个重要因素。危机传播的信息来源主要包括发言人和媒体，因此本研究假设危机传播的信源可信度包括两个维度：一是发言人的可信度，发言人专业不专业、发言人组织身份高低、发言人姿态是否真诚等都会影响可信度；二是发布信息媒体的可信度，一般又称为媒体公信力。

在建构危机传播效果层级方面，以往的研究大部分关注消费者认知与态度、品牌资产与市场表现。然而，王志良（2010）通过对大量的相关文献研究后提出，消费者态度和品牌资产等营销变量属于效果中的结果变量，在危机处理对这些变量的影响过程中可能存在着中介变量的作用，对中介变量的忽视可能是已有研究未能全面深刻地揭示危机处理作用机制的原因所在。

本研究认为，危机传播事实上是一种劝服传播，组织希望通过运用良好的传播策略来劝服消费者，从而减少危机对品牌的伤害，引导形成较正面的品牌态度。危机传播策略的两个组成部分"说什么"和"怎么说"如果用劝服理论中的经典详尽可能性模型（ELM）来解释，其实可以看成说服的中央线路与边缘线路。危机传播是组织企图说服公众的行为。"说什么"即危机时说服公众的中央线路，它传播的是核心信息，会引起公众对危机信息的精细加工行为。"怎么说"即危机时说服公众的边缘线路，是危机说服过程中所运用的相关线索，包括信息来源的可信度、意见领袖、说服的姿态等。"说什么"和"怎么说"共同影响说服的效果。这个说服效果并不直接导致消费者品牌态度与行为意向的变化，其中存在一个中介变量，即消费者对品牌处理危机的能力以及在处理危机时体现的品质的认知与评价。

事实上，Lyon和Cameron（1999）曾经较为完整提出了危机传播的效果维度，并从这些维度进行了测量。研究中主要测量了消费者头脑中的三个评判标准（criteria）：

① 来源可信度（source credibility）：针对传播行为发生后消费者对企业可信度的感知进行测量，具体维度包括专业性、真诚、诚实、可靠等。

② 态度形成与转变（attitude formation and change）：主要测量消费者对企业道德标准（ethical standards）、管理风格（management styles）、社会责任的评价及对企业的喜爱度（liking）。

③ 行为意向（intention to behave）：主要测量消费者在

行为上的意向，包括是否会投资公司、购买公司的产品、推荐公司产品给他人、需要了解更多产品的相关信息。

Lyon和Cameron（1999）提出的第一个效果维度是"来源可信度"。这个维度在命名上与"媒体公信力"和"发言人可信度"共同组成的维度相同，但测量的对象并不一致。本研究参考大部分文献中的观点，把"来源可信度"看成是危机传播效果的影响因素。Lyon和Cameron（1999）提出的"来源可信度"是指传播变量介入后消费者对企业可信度的感知，因此可以把它看成是效果的一个维度。相似的量表还包括McCroskey（1966）提出，Coombs（1996）在实验法里采用的"策略效果"检验的量表。McCroskey开发的量表主要测量的是危机事件之后公众对组织形象（image）的认知（perceptions），且主要关注的是组织的品质（character），部分题项如下：① 企业基本上是诚实的（"The company is basically honest"）；② 企业不关心公众的利益（"The company is not concerned with the well being of its publics"）；③ 我相信企业说出了事件的真相（"I do trust the organization to tell the truth about the incident"）。

本研究认为，Lyon和Cameron的"来源可信度"与McCroskey的"策略效果"量表虽然是测量"公众对组织形象的认知"，但主要关注的是通过危机事件的传播表现出来的组织品质，而非"形象"这一十分复杂的概念的综合认知。有一些题项更是直接测量公众对组织处理危机事件行为的认知，如"我相信组织说出了事件的真相"。Barton（2001）认为，危机处理的成败以组织能否影响利益相关人的认知及想法为指标。本研究所界定的危机传播效果是消费者心理层面的效果，而非实际的销售与市场表现的变化。传统的传播效果层次认为传播行为是经由认知到行为的多个层次对公众产生作用，公关传播行为的效果测量亦大多是从认知、态度与行为三个层面来进行。已有的研究从实证角度证明了品牌危机传播对消费者的认知与态度有着重要的影响（Richey, Koenigs, 1975; Weinberger, Dillon, 1980; Mizerski, 1982; Richins, 1983）。

通过以上推论，本研究提出，从消费者的心理层面出发，危机传播效果存在三个层级：第一个层级是消费者对危机事件的整体评价，可以命名为"危机事件说服力"；第二个层级是危机后的品牌认知，即危机后消费者对品牌的评价；第三个层级是危机后的品牌态度，包括危机后消费者对品牌持有的情感与行为意向。至于品牌资产与市场表现，属于营销中的结果变量，涉及实践中的具体数据，较难查证，故不作为本研究的效果变量进行研究。

因此本研究提出第一、第二、第三和第四个假设：

H1：品牌危机传播的修辞力强，危机事件的说服力强。

H2：品牌危机传播的资讯力强，危机事件的说服力强。

H3：品牌危机传播的媒体公信力强，危机事件的说服力强。

H4：品牌危机传播的发言人可信度高，危机事件的说服力强。

除了危机传播策略会直接影响到消费者对品牌的态度，综合以往的研究，发现一些文献探讨了品牌层面有两个因素，即危机前的品牌声誉和品牌危机责任归因两个变量会直接影响消费者对品牌的认知与态度，但关于品牌声誉的影响是正面还是负面并没有得到一致结论。此外，危机的责任归因被认为是影响效果的关键变量，它的影响机理尚未得到深入的探索。本研究在建构品牌危机传播效果的影响模型时，把品牌声誉和责任归因看成两大影响因素，它们直接影响品牌危机事件的说服力。

因此本研究提出第五和第六个假设：

H5：危机事件的品牌责任归因越小，危机事件的说服力越强。

H6：品牌声誉越高，危机事件的说服力越强。

危机事件说服力作为中介变量，来源于传播因素与品牌因素。传播因素包括信息质量和信息来源的可信度，信息质量包括修辞力与资讯力两个维度，信源可信度包括发言人可信度与媒体公信力两个维度。危机事件的说服力越强，危机事件之后消费者的品牌认知越为正面，两者之间呈现一种正相关的关系。品牌声誉和品牌危机责任归因既影响了危机事件的说服力这一中介变量，也会直接影响消费者对品牌的认知和态度。

因此本研究提出第七、第八和第九个假设：

H7：品牌危机责任归因越小，危机事件之后消费者的品牌认知越为正面。

H8：危机前的品牌声誉越高，危机事件之后消费者的品牌认知越为正面。

H9：危机事件的说服力越强，危机事件之后消费者的品牌认知越为正面。

黄合水（2009）认为，品牌态度包含认知、情感和意向三个成分。品牌态度的首要成分是认知成分，它表现为信念，即消费者相信品牌拥有某些具体的特征。情感成分是指消费者对品牌的直接或全面的评价，即喜不喜欢品牌、认为品牌好还是坏等。意向成分是消费者对品牌采取特定行为的可能性或倾向。这个结论与Farquhar（1989）关于建设强势品牌的观点十分接近，即在消费者的记忆中，可能有三种类型的评价：认知评价（cognitive evaluation）、情感反应（affective responses）、行为意向（behavioral intention）。要创建正面评价应朝这三个方面努力。本研究把品牌危机传播行为作用于消费者心理层面的效果归结为"品牌认知"和"品牌态度"两个变量，其中情感反应与行为意向的内涵包含在品牌态度里面。

因此本研究提出第十个假设：

H10：危机事件之后，消费者的品牌认知正面影响品牌态度。

基于以上综述，本研究提出基本假设：发生危机事件后，品牌的危机传播效果主要受到六个变量的影响——危机传播修辞力、危机传播资讯力、媒体公信力、发言人可信度、品牌声誉、品牌危机责任归因，这些因素会共同影响"危机事件说服力"这个潜在的中介变量，这个中介变量会进一步影响消费者的品牌认知与品牌态度。而品牌声誉和品牌危机责任归因这两个变量也会直接影响品牌认知。

本研究以品牌危机传播效果的影响模型对所研究问题和假设进行结构化的概括，具体如图2：

▷ 品牌危机传播效果的影响模型研究

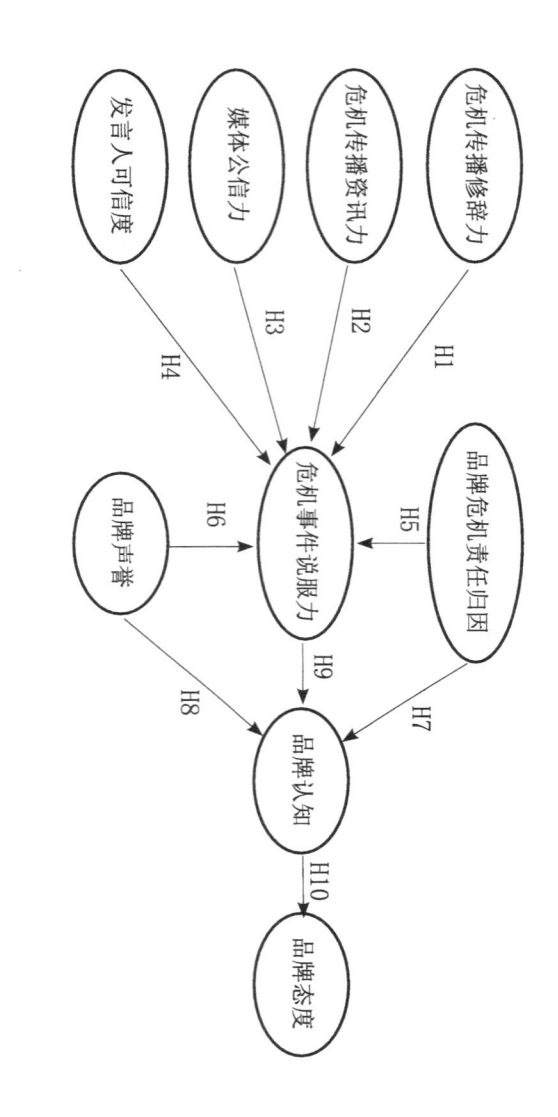

图2 本研究的理论假设与模型

第三章

研究方法及研究过程

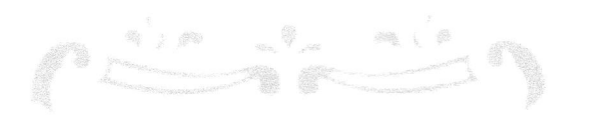

为了验证研究假设与模型，本研究主要采用问卷调查法收集数据，通过预调查选择消费者熟悉的三个危机事件进行正式调查，测量量表根据已有成熟量表、理论推理、焦点小组座谈结果编制而成。经过网络的前测调查之后，采用拦截与入户相结合的方式进行正式调查。

第一节 研究方法确定

在已有的验证危机传播效果的研究中，大部分采用的是个案研究法和实验法。个案研究法用于对危机传播典型个案进行理论的归纳与总结，凭借的是经验与研究直觉，未能进行数据的检验。实验法则通过对变量的控制，检验某些危机应对和传播的相关变量对消费者态度与行为产生的影响，例如品牌声誉、危机应对策略、企业社会责任、消费者品牌偏好等变量的影响（Griffin, Babin, 1991; Siomkos, Malliaris, 1992; Dawar, Pillutla, 2000; Lyon, Cameron, 2004）。虽然实验法可以帮助研究者精确探讨变量之间的因果关系，从而产生较佳的内部效度，但是实验法不适合本研究。因为本研究需要收集真实发生的品牌危机事件的相关数据，而实验情境是模拟出来的，并非一种真实的环境。同时，本研究需要较大规模的样本数据进行模型检验，而实验的受测样本数量较少且缺乏代表性。

▷ 品牌危机传播效果的影响模型研究

　　本研究采用问卷调查法作为主要方法收集消费者数据。之所以采用问卷调查法作为主要的研究方法，首先是因为结构方程技术工具进行模型的建构与检验需要较大规模的样本数据，通过问卷调查能够收集较大范围的消费者数据；其次，本次研究界定的品牌危机传播效果是消费者心理层面的效果，所影响的品牌认知与品牌态度方面的数据需要对消费者进行观察及测量才能获得。此外，危机传播是危机事件发生后的行为，在危机事件发生一段时间内对消费者进行传播效果调查，所收集到的基于真实品牌危机事件的数据适用于验证影响模型。

第二节 危机事件选择

危机事件的发生往往非常突然,经过一段较短时间的集中传播之后从媒体上慢慢消失,消费者因为媒体接触习惯与事件卷入度的原因,可能对危机传播并不关注,或因为时间关系淡忘危机传播的相关信息,从而无法很好地完成某个给定危机事件的问卷。而且,发生的危机事件有时只能代表某些影响变量的某个维度,估计同一个危机事件的品牌责任归因在维度测量结果上会比较接近。因此在设计问卷时,需要调查几个不同类型的危机事件,并且在消费者未能掌握充足信息时需给出相关事件材料,才能规避以上可能存在的问题。

本研究在正式进行问卷调查之前,先进行了关于危机事件熟悉程度的预调查。预调查的形式为口头调查,采用方便抽样的原则访问消费者,请他们说出"最近一两年印象最深的品牌危机事件"。在调查的50位消费者中,提及率最高的危机事件包括富士康跳楼门事件、丰田踏板门事件、三鹿三聚氰胺事件、王老吉夏枯草事件、农夫山泉砒霜门事件[⑥]，其中富士康跳楼门事件有超过90%的消费者提及。

鉴于三鹿三聚氰胺事件虽然广为人知，但是事件复杂性高，且涉及的是整个乳业行业的品牌，并非仅对三鹿有影响，不适合作为此次研究的事件。消费者对农夫山泉砒霜门事件虽然提及率高，但只是对此品牌发生危机事件有印象，甚至无法准确说出这个事件的关键词"砒霜"。品牌危机事件的成因复杂，包括企业管理行为不当、产品质量问题、媒体负面报道、谣言等。富士康跳楼门事件属于企业管理行为不当引发的危机，丰田踏板门事件属于产品质量事故引发的危机，王老吉夏枯草事件属于负面消息引发的危机，在调查中同时选用这三个危机事件，有利于获取来自不同危机成因的事件数据，提高调查结果的适用性。

因此，本研究最后确定选取富士康跳楼门事件、丰田踏板门事件和王老吉夏枯草事件进行调查。

---

⑥ 消费者基本上无法准确说出农夫山泉发生的危机事件是"砒霜门"。

第三节 测量量表编制

本研究所需要测量的变量有九个,即危机传播修辞力、危机传播资讯力、媒体公信力、发言人可信度、品牌危机责任归因、品牌声誉、危机事件说服力、品牌认知、品牌态度。量表的测量题项来源于有三个:首先,广泛阅读国内外期刊中相关研究论文,选择其中较常被引用的量表作为参考;其次,对于文献中未曾出现过的量表,本研究通过对文献综述中的相关理论进行推理,尝试写出测量题项;最后,采用焦点群体访谈法,重点就文献中没有既有量表的变量对消费者进行详细访谈,结合访谈的结果进一步完善测量量表。

一、参考已有量表

媒体公信力、品牌危机责任归因、品牌声誉、品牌认知与品牌态度都有较为成熟的量表,发言人可信度可以参考信源可信度的成熟量表。

媒体公信力这一变量有很多学者开发了量表进行测量，最重要和最长期存在的维度仍是霍夫兰等提出的值得信赖和专业两个维度（Yoon，Kim，Kim，1998），最广为引用的是Meyer（1988）的量表，测量具体项目为：媒体的报道公平、无偏见、完整、准确、值得信赖。本研究结合危机传播媒体报道的特点，把这五个项目进行更为细致的描述，如"报道公平"修改为"对有争议的问题，媒体能够公正地反映各方观点"，"报道准确"拓展为"媒体关于事件的相关信息报道较一致""媒体的报道里有来自品牌的信息或说法"。具体量表如表5。

表5 媒体公信力的测量量表

变量	维度	题项	参考量表
媒体公信力	准确	1. 媒体根据掌握的事实进行事件的报道。 2. 媒体对危机事件的报道比较完整。 3. 媒体关于事件的相关信息报道较一致。 4. 媒体的报道里有来自品牌的信息或说法。	Meyer，1988
	客观	5. 媒体在报道危机事件时没有偏见。 6. 对有争议的问题，媒体能够公正地反映各方观点。 7. 媒体对一些焦点问题敢于提出自己的负面看法。 8. 媒体在报道时考虑消费者的利益。	

发言人可信度在已有文献中没有既有量表，但是关于信源可信度有很多文献中都有成熟量表。Berlo和Lemert及Mertz（1969）提出信源可信度有三个维度：资格（qualification）、安全（safety）和活力（dynamism）。McCroskey（1966）提出信源可信度包括能力（competence）、特质（character）、社会力（sociability）、镇静（composure）和外向性（extroversion）五个因子。其他信源可信度的维度还包括吸引力（attractiveness）、熟悉度（familiarity）、性别（gender）和种族（race）（Brownlow, 1992；Beggs, Annas, Farinacci, 1992；Andsager, Mastin, 2003）。

在危机相关研究中，Lyon和Cameron（2004）采用七个题项测量危机中来源的可信度特征，包括：

① 可靠或不可靠（reliable or unreliable）；
② 聪明或不聪明（intelligent or unintelligent）；
③ 专业或不专业（expert or inexpert）；
④ 诚实或不诚实（honest or dishonest）；
⑤ 美好或可怕（nice or awful）；
⑥ 正直或邪恶（virtuous or sinful）；
⑦ 真诚或不真诚（sincere or insincere）。

参考以上量表，危机传播中的发言人作为一个信源，其可信度包括权威、专业、形象三个维度，具体量表如表6。

表6　发言人可信度的测量量表

变量	维度	题项	参考量表
发言人可信度	权威	1. 危机事件发言人在公司的职位较高。 2. 危机事件发言人是公司较知名的人。 3. 危机事件发言人对事件有决定性的影响。	Lyon, Cameron, 2004; Berlo, Lemert, Mertz, 1969
	专业	4. 危机事件发言人对事件非常了解。 5. 危机事件发言人是这个领域的专家。	
	形象	6. 危机事件发言人在发言时态度真诚。 7. 危机事件发言人对媒体的态度友好，有问有答。 8. 危机事件发言人看上去是个可靠的人。	

McAuley等（1992）的归因量表（The revised causal dimension scale，CDSII）提出危机归因包括四个维度：原因的场所（the locus of causality）、外部控制（external control）、稳定性（stability）、个人控制（personal control）。每一个维度用三个语义上有区别的题项进行测量。CDSII量表在后来的归因研究中广为引用。Coombs（1996）在实验中关于危机归因的评价量表参考使用了McAuley等（1992）开发的量表。Coombs（1996）认为"个人控制"与"原因的场所"这两个维度的重合度较高，因此把"个人控制"这一

维度整合进"原因的场所"这一维度。

本研究中的品牌危机责任归因的操作化定义为：消费者认为品牌应为危机事件的发生和后果所负的责任程度，测量共包括三个维度九个题项，如表7。

表7 品牌危机责任归因的测量量表

变量	维度	题项	参考量表
品牌危机责任归因	控制性	1. 如果品牌重视，危机事件就不会发生。 2. 危机事件是在品牌有意识的情况下发生的。 3. 当有关的负面信息出现时，品牌没有引起重视。	Coombs, 1996; McAuley, et al., 1992
	稳定性	4. 品牌以前发生过类似的危机事件。 5. 品牌的产品经常出现质量问题。 6. 这次品牌的危机事件是偶然发生的。	
	起源地	7. 危机事件的发生是品牌内部引起的。 8. 危机事件的发生没有受到外部因素的影响。 9. 如果品牌内部管理不当，还是会发生类似事件。	

关于声誉的测量，不少文献的测量量表参考了《财富》杂志关于企业声誉需考量的八个领域，即① 管理质量；② 财务稳健性；③ 企业资产流向；④ 社区和环境责任；⑤ 产品或服务质

量；⑥ 作为长期投资的价值；⑦ 创新能力；⑧ 对人才的吸引力（Bovet，1994）。Frombrun和Shanley（1990）提出衡量企业声誉的三个维度：① 营销与会计方面，例如经济效益；② 制度方面，例如社会责任感；③ 战略方面，例如从商业战略营利的可能性。

本研究中的品牌声誉的操作化定义为：消费者对品牌过去所作所为的整体评价，可分成品牌知名度、产品与服务质量、社会责任感、品牌价值四个维度，测量围绕这四个维度展开，具体包括九个题项，如表8。

表8 品牌声誉的测量量表

变量	维度	题项	参考量表
品牌声誉	品牌知名度	1. 这个品牌是个知名的品牌。 2. 我和我身边的人都知道这个品牌。	Frombrun, Shanley, 1990
	产品与服务质量	3. 这个品牌拥有良好的产品或服务。 4. 相比同行业其他品牌，这个品牌质量较高。	
	社会责任感	5. 这个品牌平时的所作所为以人为本。 6. 这个品牌热心公益事业。	
	品牌价值	7. 这个品牌是个值得投资的品牌。 8. 这个品牌具有良好的发展前景。 9. 如果有机会，我愿意在这个品牌相关的企业任职。	

Lyon和Cameron（1999）提出危机传播效果的测量维度包括态度与行为意向，具体题项有：消费者对企业道德标准（ethical standards）、管理风格（management styles）、社会责任的评价，对企业的喜爱度（liking），是否会投资公司，购买公司的产品，推荐公司产品给他人，了解更多产品的相关信息。黄合水（2009）提出，品牌认知测量的题项包括对品牌质量和品牌使用安全性的评价。本研究中品牌认知的操作化定义为：危机事件之后公众对品牌持有的评价。品牌态度的操作化定义为：危机事件之后公众对品牌持有的情感和行为意向等。参考Lyon和Cameron（1999）及黄合水（2009）的测量题项建议，危机事件后的品牌认知与品牌态度测量量表如表9。

表9 品牌认知与品牌态度的测量量表

变量	题项	参考量表
品牌认知	1. 我认为这个品牌质量很好。 2. 我认为这个品牌的产品使用起来是安全的。 3. 我认为这个品牌是个有社会责任感的品牌。	黄合水，2009；Lyon, Cameron, 1999
品牌态度	1. 我信赖这个品牌。 2. 我喜爱这个品牌。 3. 我会主动了解这个品牌的相关信息。 4. 我愿意购买这个品牌的产品。 5. 我愿意推荐这个品牌给他人。	

二、自主开发量表

危机传播修辞力、危机传播资讯力、危机事件说服力是本研究提出的新概念，在已有文献中不存在既有成熟量表。因此，本研究采用探索性研究方法，通过文献中相关理论的推理，结合焦点群体座谈法的结果进行相关变量测量内容的探索。

本研究选取了三个间隔时间较近且影响较大的品牌危机事件，即丰田踏板门事件、强生有毒门事件、百度被黑事件，针对年轻白领、家庭主妇、大学生三个群体进行焦点群体座谈。每个座谈选取十二位座谈对象。座谈问题主要包括：① 危机发生后，企业说什么会影响到你对品牌的看法？② 危机发生后，企业如何传播相关信息？这些行为如何影响你对品牌的看法？③ 你对危机事件的认知与评价包括哪些方面？座谈结果整理后，结合文献中的理论推理，形成自主开发的量表。

本研究中的危机传播修辞力的操作化定义为：消费者对品牌危机传播信息内容的修辞恰当性的认知与评价。测量题项根据危机传播中修辞取向的相关理论和焦点群体座谈的结果整理而成，包括客观描述、真诚沟通、承诺修正三个维度，具体量表如表10。

本研究中的危机传播资讯力的操作化定义为：消费者对品牌危机传播信息内容的资讯影响力的认知与评价。测量题项根据危机传播中公关取向的相关理论与焦点群体座谈的结果整理而成，包括迅速、丰富、多元三个维度，具体量表如表11。

本研究中的危机事件说服力的操作化定义为：危机事件之后公众感知到的品牌处理危机事件的决心与能力。虽然在已有文献中没有既有量表，但正如文献综述里提到的，一些学者的研究对危机传播效果的认知层面进行了测量。本研究对Lyon和Cameron（1999）以及McCroskey（1966）的量表进行了一些修改，主要提炼出与危机事件说服力相关的题项，并结合焦点群体座谈的结果，整理成危机事件说服力量表的九个题项，如表12。

问卷的主体采用七分李克特量表，被调查者针对不同的危机事件，对不同的题项进行评价，数字越大表示越同意测量题项的说法。之所以没有采用五分量表，是因为中国的被试对五分李克特量表的区分不大，答案集中在中间值"3"的情况较多（刘国华，2008）。此外，使用六分或七分李克特量表，可以使数据更符合连续性属性的要求，亦能减少数据产生过度的偏态，从而更利于因子分析的进行（李茂能，2006）。基于上述考虑，本研究在调查中选择使用七分李克特量表。

被调查者需从危机传播修辞力、危机传播资讯力、媒体公信力、发言人可信度、品牌危机责任归因、品牌声誉、危机事件说服力、品牌认知和品牌态度九个方面进行评价。由于共调查三个危机事件，所以设计了三个版本的问卷（详见附录A），除了品牌与危机事件的名字不同，测量题项大体相同，有一些题项在描述上也有一些微小的差异。例如在丰田问卷中题项是"当刚开始部分丰田车主提出踏板的质量有问题时，丰田没有引起重视"，在富士康问卷中题项改成"当个别员工开始有跳楼行为时，富士康没有引起重视"，在王老吉问卷中题项改成"当刚开始个别消费者反映长期喝王老吉伤害身体时，王老吉没有引起重视"。

表10 危机传播修辞力的测量量表

变量	维度	题项	量表来源
危机传播修辞力	客观描述	1. 事件发生后，品牌主动介绍事件发生的经过。 2. 品牌主动公布了事件起因。 3. 品牌公布了造成的伤害或损失。 4. 品牌随时报告事件的进展情况。	危机传播修辞取向的相关理论；焦点群体座谈结果
	真诚沟通	5. 媒体采访危机事件时，品牌配合媒体采访。 6. 品牌为造成的伤害或损失道歉。 7. 面对媒体或公众的质疑，品牌站出来解释。 8. 品牌在沟通时态度诚恳。	
	承诺修正	9. 品牌提出补偿造成的伤害或损失。 10. 品牌表示要改正不当行为。 11. 品牌提出进一步整改的具体措施。 12. 品牌表示今后要避免类似事件发生。	

表11　危机传播资讯力的测量量表

变量	维度	题项	量表来源
危机传播资讯力	迅速	1. 品牌在发生危机事件后迅速地告知了消费者。 2. 在各大媒体上马上可以看到关于此事的报道。 3. 我可以很快在网络上看到关于此事的相关信息。 4. 我很快就知道品牌要怎么处理这个事件。	危机传播公关取向的相关理论；焦点群体座谈结果
	丰富	5. 在报纸上可以看到较多媒体对品牌的采访报道。 6. 在网络上各大门户网站都有关于此品牌的新闻报道。 7. 在新闻报道里可以看到品牌对事件的应对与处理。 8. 我可以很方便地找到品牌处理事件的相关信息。	
	多元	9. 在报纸杂志上可以看到对品牌持负面态度的报道。 10. 在网络论坛上可以看到对事件的各种评论帖子。 11. 网络上各大论坛可以自由发表我对事件的看法。 12. 品牌传播的事件信息较全面，满足我的需求。	

表12 危机事件说服力的测量量表

变量	维度	题项	量表来源
危机事件说服力	品质	1. 我相信品牌说出了事件的真相。 2. 我认为品牌是一个诚实的品牌。 3. 我认为品牌在处理事件时为消费者的利益着想。	Lyon, Cameron, 1999; McCroskey, 1966; 焦点群体座谈结果
	能力	4. 我相信品牌能够采取有力的措施解决事件。 5. 我认为通过品牌采取的有关措施,消费者的损失会得到补偿。 6. 我相信品牌所采取的措施能够减少事件对品牌的影响。	
	影响力	7. 我相信品牌今后不会再发生类似的事件。 8. 我相信消费者今后的购买行为不会受到此事件的影响。 9. 我相信经过此事件后,品牌的经营不会受到太大的影响。	

第四节 前测

由于本研究包括三个自主开发的量表，且已有文献中关于危机传播效果的影响问题很少采用问卷调查方法收集数据，因此在正式调查前，进行小范围的前测。定量的实证研究在正式使用问卷之前经过前测（pretesting）有助于在早期发现可能隐藏的问题（荣泰生，2009）。根据前期编制好的测量量表和选择的三个危机事件形成问卷初稿，然后利用问卷星网站投放问卷，采用方便抽样的原则请消费者上网填答问卷。前测共获得了168份问卷，其中有效问卷153份。

本研究主要对前测结果进行信度检验。信度即测量的可靠性（trustworthiness），是指测量结果的一致性（consistency）或稳定性（stability）。邱皓政（2009）认为信度可以被看成检验结果受测量误差影响的程度。本研究采用内部一致性信度，即以直接计算测量题项内部之间的一致性作为检验的信度指标，通常选用Cronbach's alpha系数。利用SPSS软件计算153份有效前测问卷的信度系数，得到的Cronbach's alpha为0.893。Cronbach's alpha值达到0.80意味着测量工具具有非常好的信度（Kline，1998）。因此，本问卷达到较高的内部一致性信度。通过调查结束后询问问卷填答者，根据他们的反馈意见进一步调整题项内容及表达方式，以期获得较好的问卷内容效度，最后整理的具体问卷内容见附录A。

通过网络的前测调查发现，有小部分网友在第一项"甄别问题"中填答"不知道此事件"或"不了解此事件"的情况下，仍然对问卷内容进行了填答。因此，在正式调查中要求调查员在实施调查时，首先要口头询问被调查者"是否知道危机事件"，若参与者回答"不知道"就不能填答问卷。

第三章 研究方法及研究过程

第五节 调查实施

为了让消费者在了解品牌危机事件的条件下作答问卷，从而保证问卷的效度，本研究采取了入户调查与拦截调查相结合的方式。其中，入户调查的对象为厦门大学的在校学生，拦截调查的对象为社会公众。之所以采取这两种方式相结合的调查方式，是因为此问卷共有75个题项，且需要在对危机事件有一定了解的情况下填答问卷，采取拦截方式不利于填答较复杂的问卷。然而，如果全部采取入户调查方式，受限于条件只能调查在校大学生，样本过于同质化，代表性差。因此，本研究采取两种调查方式，规避了前述的问题。

本研究共发放了1020份问卷，其中丰田事件340份、富士康事件340份、王老吉事件340份。学生样本分配510份，社会样本分配510份。共培训了17位调查员，每人完成30份入户调查大学生样本，30份拦截社会样本。在调查时，调查员首先口头询问"甄别问题1：你知道××事件吗？"，如果三个事件都回答不知道的就不能填答问卷；如果知道的事件不止一个，就请其选择最熟悉的事件进行填答。三个危机事件均有准备相关材料，供被调查者参考。入户调查地点选择厦门大学漳州校区，样本抽取采取配对抽样原则，根据专业设置每个调查员负责一个专业，然后在专业对应的宿舍里随机抽样完成问卷。拦截调查地点选择厦门市肯德基、麦当劳在全市分布的各个店铺[⑦]。

最终问卷回收1018份，回收率几近100%。由于问卷题项较多，学生调查员经验不足，回收的问卷中废卷较多。剔除不成功的问卷，最后得到的有效样本共870份，有效样本回收率约为85%。

样本具体情况如表13：

表13 问卷调查的样本分布情况（N=870）

变量	分布			
性别	男（46%）	女（54%）		
职业	学生（57.9%）	企业白领（10.2%）	事业单位（15.4%）	其他（16.5%）
年龄	16~25岁（67.7%）	26~40岁（22%）	41~55岁（8.3%）	55岁以上（2%）
受教育程度	中学（9.7%）	大学（83.5%）	硕博士（6.8%）	

---

⑦ 问卷较复杂，共有75个题项，需要被调查者有较充足的时间仔细作答。选择这两个连锁餐厅店进行调查，是因为这两个连锁餐厅店人流量大，人口统计特征多样化，被调查者可以用餐时坐着填答问卷，而且要求调查员选择下午时段或晚上七点半之后的休闲就餐时段进行调查，此时的用餐者一般较不赶时间。

第四章

数据分析及结果

本研究采用结构方程统计方法，对问卷调查所收集的资料进行数据分析和假设检验。利用探索性因子分析和验证性因子分析对变量的测量方式进行信度、收敛效度、区分效度的评价，在完善这些主要变量量表的基础上进行结构方程模型的分析与假设的检验，通过整体模型的拟合度以及路径系数来检验研究假设是否成立，以此建构品牌危机传播效果的影响模型。

第一节　数据正态分布检验

结构方程的分析策略中，目前广为学者建议的是两阶段策略（two-stage modeling）（邱皓政，2009），也即第一阶段分析测量模型，确定因素结构的拟合性，第二阶段在不改变测量模型的前提下，增加结构模型的设定，并评估结构模型界定之后的拟合性（James，Mulaik，Brett，1982）。两阶段模型对于潜在变量的效度评估具有重要的价值，因为测量模型的检测可以提供潜在变量的聚合与区分效度的信息，结构模型可以提供预测效度的证据（Anderson，Gerbing，1988）。

本研究利用SPSS16.0和LISREL8.7两个软件，采用两阶段策略法对问卷调查所收集的资料进行数据分析和假设检验。首先，利用探索性因子分析和验证性因子分析对危机传播修辞力、危机传播资讯力、媒体公信力、发言人可信度、品牌危机责任归因、品牌声誉、危机事件说服力、品牌认知与品牌态度这些变量的测量方式进行信度、收敛效度、区分效度的评价，以此精简和完善这些主要变量的量表。其次，进行结构模型的分析与假设的检验，通过检验整体模型的拟合度以及路径系数来检验研究假设是否成立，以此明确危机传播修辞力、危机传播资讯力、媒体公信力、发言人可信度如何影响品牌危机事件的说服力，这种说服力又如何与品牌危机责任归因、品牌声誉一起对危机后的品牌认知与态度起作用。

由于LISREL的ML（Maximum Likelihood）估计法有常态分配的假定，即要求观察变量的数据资料必须是正态分布的。所以在对模型检验前，需要对所收集数据资料先进行观察变量的正态分布检验。附表B.1是所有观察变量的平均数（Mean），标准差(St.Dev.)、偏度(Skewness)、峰度(Kurtosis)以及正态分布检验（test of normality）的卡方值(Chi-Square)和P值(P-value)。结果显示，所有观察变量的峰度和偏度都接近0，单变量正态分布检验中，36个变量$P>0.05$，也即达到了正态分布的要求。虽然有一些观察变量未能达到正态分布的要求，但是有学者发现通常只有峰度的值大于25以上时，对ML的估计才会产生足够的影响力。Boomsma和Hoogland（2001）在对各种估计法的健全性进行深入比较与探讨的基础上，下了一个很重要的结论：对于大模式而言（观察变量大于6或8个），在各种非正态分布的条件下，ML估计法比其他估计法（ADF、GLS、WLS、ERLS）具有相对好的统计特征。综上，本次研究模型属于大模型（观察变量个数大大超过8个），且大部分观察变量都通过正态考验，未通过正态考验的观察变量的峰度都较小，说明近似达到正态分布水平，所以本次研究仍然采用ML估计法。

第二节 探索性因子分析

通过对每一个主要概念，包括危机传播修辞力、危机传播资讯力、媒体公信力、发言人可信度、品牌危机责任归因、品牌声誉、危机事件说服力、品牌认知与品牌态度的测量变量分别进行探索性因子分析，初步建立信度和效度都比较高的量表。

探索性因子分析的步骤：

首先，采用方差极大化正交旋转法，对每个变量的测量量表进行主成分因子分析，以特征值大于1为标准提取因子。在进行因子分析之前，首先需要对变量之间的相关性进行检验以确定其是否适合进行因子分析，一般用KMO检验（Kaiser-Meyer-Olkin Measure of Sampling Adequacy）和Bartlett球形检验（Battlett Test of Sphercity）进行。当KMO值大于0.5且越接近于1时，就越适合进行因子分析。

其次，进行量表测量项目的精简，标准为：① 删除在多个因子上负荷值均小于0.50的变量；② 删除在多个因子上负荷值均大于0.50的变量；③ 删除只含有一个变量的因子（Straub，1989）。

最后，进行因子的信效度检验。信度在前测部分已经介绍过，本研究采纳的是以下观点：一般认为，信度系数0.9以上是优秀的（excellent），0.8左右是非常好的（very good），0.7是适中的，0.5以上是可以接受的（acceptable），低于0.5表示至少有一半的观察变异来自随机误差，因此信度不足，不应当接受（Kline，1998）。为探析量表测量变量的可靠性，进一步计算测量变量项目与总体相关系数（CITC：Corrected Item-Total Correlation）。变量删除的标准为CITC小于0.50，或删除后量表整体的Cronbach's alpha会提高。效度即测量的正确性，指测验或其他测量工具能够测得其所欲测量的概念之程度。测量的效度愈高，表示测量的结果愈能显现其所欲测量内容的真正特征。对于效度的评估，主要有内容效度（Content Validity）和结构效度（Construct Validity）两种。内容效度反映的是测量工具本身内容范围与广度的适切程度，它以系统的逻辑方法来分析测量工具的目的和内容，所以又被称为逻辑效度（Logical Validity）（邱皓政，2009）。内容效度是一种主观评价指标，通常可以通过文献分析以及专家判断等方式进行评估。本研究所使用的测量题项有的是源于已有文献中的成熟量表，有的是经过文献中的理论推理得出的，有的是经过焦点群体座谈结果整理得到的，应该达到了可以接受的内容效度水平。结构效度指测量工具能测得一个抽象概念或特质的程度。衡量结构效度的指标主要有收敛效度（Convergent Validity）和区分效度（Discriminant Validity）这两个指标，前者主要考察特定变量的不同测量题项间的一致性，而后者主要考察不同研究变量测量之间的差异程度。

接下来，对九个测量量表分别进行探索性因子分析，结果如下：

1. 危机传播修辞力

对危机传播修辞力的十二个测量变量进行主成分因子分析（方差极大化正交旋转），结果显示，KMO=0.931，Bartlett球形检验的P=0.000，以特征值大于1为标准，十二个测量变量共提取两个因子，累计可释方差为65.363%。由于本研究在提出理论假设时已经通过理论推演和探索研究的结果初步得出危机传播修辞力包括客观描述、真诚沟通以及承诺修正三个因素，因此试图用确定三个因子的方法进行因子的提取。结果显示，根据确定三个因子的方法进行因子抽取，十二个变量共提取三个因子，累计可释方差为71.634%。由于"C5配合媒体的采访"在因子1和因子2上均有超过0.50的因子负荷值，因此拟删除这个变量。剩余十一个变量共可提取三个因子，因子累计可释方差达到72.565%，各个变量均在一个因子上有高负荷值（介于0.644与0.853之间），因子结构清晰，如表14。对数据进行Bartlett球形检验表明：KMO=0.921，Bartlett检验的P=0.000，变量间存在显著相关，说明了对数据进行因子分析的合理性。综上，危机传播修辞力由三个因子组成，分别命名为"客观描述""真诚沟通""承诺修正"。

表14 危机传播修辞力的因子负荷矩阵

测量变量	方差极大化正交旋转后的因子负荷矩阵					
	初始分析			最终分析		
	F1	F2	F3	F1	F2	F3
C1 介绍事件发生的经过	0.794			0.801		
C2 公布事件的起因	0.830			0.836		
C3 公布造成的伤害或损失	0.801			0.808		
C4 报告事件的进展情况	0.724			0.722		
C5 配合媒体的采访（删除）	0.601	0.556				
C6 为造成的伤害或损失道歉		0.726			0.729	
C7 出面解释公众或媒体的质疑		0.805			0.815	
C8 沟通时态度诚恳		0.740			0.768	
C9 提出补偿造成的伤害或损失		0.608			0.644	

续表

| 测量变量 | 方差极大化正交旋转后的因子负荷矩阵 ||||||
| | 初始分析 ||| 最终分析 |||
	F1	F2	F3	F1	F2	F3
C10 表示要改正不当行为			0.682			0.661
C11 提出进一步整改的具体措施			0.734			0.741
C12 表示今后要避免类似事件发生			0.852			0.853
特征根	3.218	3.024	2.354	2.896	2.863	2.223
可释方差（%）	26.815	25.199	19.620	26.326	26.031	20.208
累计方差（%）	26.815	52.014	71.634	26.326	52.357	72.565

注：仅显示绝对值大于0.50的因子负荷值。

危机传播修辞力量表整体的Cronbach's alpha为0.912，三个因子的Cronbach's alpha分别为0.867、0.865、0.815，信度非常好。对量表进行CITC分析，结果如附表B.2所示，十一个变量的CITC均大于0.50，在其删除后整体的Cronbach's alpha介于0.901与0.908之间，均小于原来的0.912。

2. 危机传播资讯力

对危机传播资讯力的十二个测量变量进行第一次主成分因子

分析（方差极大化正交旋转），结果显示：KMO=0.887，Bartlett 球形检验的 P=0.000。以特征值大于1为标准，十二个测量变量共提取三个因子，累计可释方差为62.869%。如表15所示，各个变量均在一个因子上有高负荷值（介于0.533与0.807之间），因子结构清晰。

表15 危机传播资讯力的因子负荷矩阵

测量变量	方差极大化正交旋转后的因子负荷矩阵					
	第一次			第二次		
	F1	F2	F3	F1	F2	F3
C13 迅速告知消费者			0.807			
C14 在媒体上马上可以看到此事的报道		0.798			0.811	
C15 很快可以在网络上看到此事的消息		0.803			0.825	
C16 很快知道品牌要怎么处理此事			0.756			0.760
C17 可以看到较多媒体对品牌的采访报道		0.629			0.595	
C18 各大门户网站上都有关于此事的报道		0.641			0.556	

续表

| 测量变量 | 方差极大化正交旋转后的因子负荷矩阵 ||||||
| | 第一次 ||| 第二次 |||
	F1	F2	F3	F1	F2	F3
C19 在报道里可以看到品牌的应对与处理	0.533					0.715
C20 可以很方便找到此事的相关信息	0.612					0.700
C21 可以看到对品牌持负面态度的报道	0.706			0.766		
C22 可以看到对此事件的各种评论帖子	0.722			0.784		
C23 可以自由发表对此事的看法	0.711			0.675		
C24 品牌传播的事件信息较充分全面	0.572					
特征根	2.897	2.517	2.130	2.419	2.308	2.000
可释方差 (%)	24.141	20.978	17.750	24.188	23.082	20.005
累计方差 (%)	24.141	45.119	62.869	24.188	47.271	67.275

注：仅显示绝对值大于0.50的因子负荷值。

CITC计算结果如附表B.3所示，"C13迅速告知消费者"变量与"C24品牌传播的事件信息较全面充分"变量的CITC小于0.40，且其删除后量表的Cronbach's alpha整体会提高，因此，删除以上两个变量。在其删除后整体的Cronbach's alpha为0.874，大于原来的0.871。

在删除了"C13迅速告知消费者"变量之后发现，原来的因子结构中此"C13"与"C16"共同构成一个因子，如果删除"C13"变量后此因子只能由一个题项构成，因此重新对此量表进行因子分析。如表15所示，采用主成分法（方差极大化正交旋转）对十个测量项目进行分析，第二次因子分析结果如下：KMO=0.885，Bartlett球形检验的P=0.000。以特征值大于1为标准，十个测量变量共提取三个因子，累计可释方差为67.275%，各个变量均在一个因子上有高负荷值（介于0.556与0.825之间），因子结构清晰。综上，危机传播资讯力由三个因子组成，分别命名为"信息充分""渠道通畅""角度多元"。

3. 媒体公信力

对危机传播中的媒体公信力八个测量变量进行主成分因子分析（方差极大化正交旋转），结果如表16所示，KMO=0.842，Bartlett球形检验的P=0.000，以特征值大于1为标准，八个变量共提取两个因子，累计可释方差为56.330%。各个变量的因子负荷值介于0.654与0.806之间。

CITC计算结果如附表B.4所示，各个测量变量的CITC均大于0.40，且各个变量的删除并不会带来整体的Cronbach's alpha

的提高，因此所有变量都保留。量表的整体Cronbach's alpha为0.807。两个因子的Cronbach's alpha分别为0.769、0.706。综上，危机传播中的媒体公信力由两个因子组成，分别命名为"准确""客观"。

表16 媒体公信力的因子负荷矩阵

测量变量	方差极大化正交旋转后的因子负荷矩阵	
	F1	F2
D1 媒体根据事实进行事件的报道	0.806	
D2 媒体对事件的报道比较完整	0.804	
D3 媒体对事件的报道比较一致	0.693	
D4 媒体的报道里有来自品牌的信息或说法	0.654	
D5 媒体在报道事件时没有偏见		0.687
D6 对有争议的问题媒体能够公正反映各方观点		0.756
D7 媒体对事件的焦点问题敢于提出自己的负面看法		0.660
D8 媒体在报道事件时考虑消费者的利益		0.702
特征根	2.360	2.147
可释方差（%）	29.495	26.835
累计方差（%）	29.495	56.330

注：仅显示绝对值大于0.50的因子负荷值。

4. 发言人可信度

对危机传播中的发言人可信度八个测量变量进行主成分因子分析（方差极大化正交旋转），结果如表17所示，KMO=0.869，Bartlett球形检验的 P=0.000，以特征值大于1为标准，八个变量共提取两个因子，累计可释方差为68.658%。其中，"D12发言人对事件非常了解"这个变量在两个因子上负荷均超过0.50，因此删除。

表17 发言人可信度的因子负荷矩阵

测量变量	方差极大化正交旋转后的因子负荷矩阵			
	初始分析		最终分析	
	F1	F2	F1	F2
D9 发言人在公司的职位较高		0.865		0.880
D10 发言人是公司较知名的人		0.868		0.875
D11 发言人对事件有决定性的影响		0.715		0.704
D12 发言人对事件非常了解（删除）	0.531	0.506		
D13 发言人是这个领域的专家	0.749		0.744	
D14 发言人在发言时态度真诚	0.781		0.787	

续表

| 测量变量 | 方差极大化正交旋转后的因子负荷矩阵 ||||
| | 初始分析 || 最终分析 ||
	F1	F2	F1	F2
D15 发言人对媒体友好，有问有答	0.810		0.819	
D16 发言人看上去是个可靠的人	0.813		0.822	
特征根	2.985	2.508	2.744	2.276
可释方差（%）	37.310	31.347	39.194	32.521
累计方差（%）	37.310	68.658	39.194	71.715

注：仅显示绝对值大于0.50的因子负荷值。

删除后剩余七个变量，重新进行主成分因子分析（方差极大化正交旋转），结果显示，KMO=0.847，Bartlett球形检验的 P=0.000，以特征值大于1为标准，七个变量共提取两个因子，累计可释方差为71.715%。各测量变量的因子负荷值较高，介于0.704与0.880之间。CITC计算结果如附表B.5所示，各个测量变量的CITC均大于0.50，且各个变量的删除并不会带来整体的Cronbach's alpha的提高，因此所有变量都保留。量表的整体Cronbach's alpha为0.868。综上，危机传播中的发言人可信度由两个因子组成，分别命名为"权威""形象好"。

5. 品牌危机责任归因

品牌危机责任归因的九个测量变量中,"B6这次危机事件是偶然发生的"属于特别设计的反向问题,以测试被调查者的认真程度,避免对此量表产生定式反应,因此在进行因子分析时删除这一测量变量。对品牌危机责任归因剩下的八个测量变量进行主成分因子分析(方差极大化正交旋转),结果如表18所示,KMO=0.731,Bartlett球形检验的P=0.000。以特征值大于1为标准,八个测量变量共提取三个因子,累计可释方差为67.696%。各个变量均在一个因子上有高负荷值(介于0.665与0.890之间),因子结构清晰。CITC计算结果如附表B.6所示,量表的整体Cronbach's alpha为0.759,变量删除后的Cronbach's alpha均小于0.759。综上,品牌危机责任归因由三个因子组成,分别命名为"控制力""稳定性""起源地"。

表18 品牌危机责任归因的因子负荷矩阵

测量变量	方差极大化正交旋转后的因子负荷矩阵		
	F1	F2	F3
B1 如果重视,危机事件就不会发生	0.811		
B2 危机事件是在有意识的情况下发生的	0.810		
B3 当刚开始有负面消息时没有引起重视	0.674		
B4 以前发生过类似的危机事件		0.890	
B5 经常出现质量问题		0.875	

续表

测量变量	方差极大化正交旋转后的因子负荷矩阵		
	F1	F2	F3
B7 危机事件的发生是内部引起的		0.771	
B8 危机事件的发生没有受到外部影响		0.796	
B9 如果内部管理不当，还是会发生类似事件		0.665	
特征根	1.898	1.759	1.759
可释方差（%）	23.723	21.987	21.985
累计方差（%）	23.723	65.710	67.696

注：仅显示绝对值大于0.50的因子负荷值。

6. 品牌声誉

对品牌声誉的九个测量变量进行主成分因子分析（方差极大化正交旋转），结果如表19所示，KMO=0.880，Bartlett球形检验的P=0.000，根据特征根大于1的原则抽取因子，九个变量共提取三个因子，累计可释方差为77.085%。每个变量均在一个因子上有较高的负荷值（介于0.606与0.887之间），因子结构清晰。CITC计算结果如附表B.7所示，各个测量变量的CITC均大于0.40。量表整体的Cronbach's alpha为0.896。测量各个变量删除后的Cronbach's alpha，均小于原来量表的0.896。三个因子的Cronbach's alpha分别为0.863、0.836、0.813。综上，品牌声誉由三个因子组成，分别命名为"认知""社会责任感""品牌

▷ 品牌危机传播效果的影响模型研究

价值"。

表19　品牌声誉的因子负荷矩阵

测量变量	方差极大化正交旋转后的因子负荷矩阵		
	F1	F2	F3
A1 是个知名品牌	0.887		
A2 我和我身边的人都知道它	0.869		
A3 拥有不错的产品	0.698		
A4 相比同行业其他品牌质量较高	0.606		
A5 平时的所作所为以人为本			0.852
A6 热心公益事业			0.838
A7 是个值得投资的品牌		0.711	
A8 具有良好的发展前景		0.763	
A9 任职意愿		0.825	
特征根	2.648	2.212	2.078
可释方差（%）	29.423	24.574	23.087
累计方差（%）	29.423	53.998	77.085

注：仅显示绝对值大于0.50的因子负荷值。

7. 危机事件说服力

对危机事件说服力的九个测量变量进行主成分因子分析（方差极大化正交旋转），结果如表20所示，KMO=0.890，Bartlett球形检验的P=0.000，确定因子数为三个，九个变量共提取三个因子，累计可释方差为78.324%。各个变量的因子负荷值介于0.648与0.878之间，均负荷于一个因子上，因子结构清晰。CITC测算结果如附表B.8所示，量表的整体Cronbach's alpha为0.902。各个测量变量的CITC均大于0.50，且删除后其Cronbach's alpha都不大于整体的0.902。三个因子的Cronbach's alpha分别为0.882、0.837、0.832。综上，危机事件说服力由三个因子组成，分别命名为"品质""能力""影响力"。

表20 危机事件说服力的因子负荷矩阵

测量变量	方差极大化正交旋转后的因子负荷矩阵		
	F1	F2	F3
E1 说出了事件的真相	0.857		
E2 是一个诚实的品牌	0.820		
E3 在处理事件时为消费者利益着想	0.780		
E4 能够采取有力的措施解决		0.695	
E5 消费者的损失会得到补偿		0.821	
E6 事件的不良影响能够减少		0.827	
E7 今后不会再发生类似事件			0.648
E8 此事件不会影响消费者购买			0.853
E9 此事件对经营不会有太大影响			0.878
特征根	2.513	2.337	2.199
可释方差（%）	27.917	25.971	24.435
累计方差（%）	27.917	53.889	78.324

注：仅显示绝对值大于0.50的因子负荷值。

8. 品牌认知与品牌态度

对品牌认知与品牌态度量表的八个测量变量进行主成分因子分析（方差极大化正交旋转），结果如表21所示，KMO=0.916，Bartlett球形检验的 P=0.000，以特征值大于1为标准，八个变量共提取两个因子，累计可释方差为76.394%。其中，"F4品牌让人信赖"这个测量变量在两个因子上负荷均超过0.50，因此删除。

表21 品牌认知与品牌态度的因子负荷矩阵

测量变量	方差极大化正交旋转后的因子负荷矩阵	
	F1	F2
F1 品牌质量好		0.859
F2 品牌安全		0.835
F3 品牌有社会责任感		0.713
F4 品牌让人信赖	0.582	0.655
F5 喜欢品牌	0.774	
F6 主动了解品牌信息	0.789	
F7 购买品牌	0.783	
F8 推荐品牌	0.804	
特征根	3.218	2.894
可释方差（%）	40.222	36.173
累计方差（%）	40.222	76.394

注：仅显示绝对值大于0.50的因子负荷值。

品牌认知与品牌态度量表整体的Cronbach's alpha为0.926。CITC测算结果如附表B.9所示，七个变量的CITC均大于0.40，在其删除后整体的Cronbach's alpha介于0.911与0.924之间，均未大于原来的0.926。

第三节　验证性因子分析

本研究采用LISREL8.7软件进行测量量表的验证性因子分析。采用的主要分析步骤如下：

1. 模型识别

传统上，模型识别系以整体模型为计算基础（Bollen，1989）。然而，McDonald和Ho（2002）的分析指出，多数结构方程模型的研究忽略了测量模型的识别性报告，使得无从判断测量模型的设定是否恰当。本研究对每个测量模型进行拟合之前，先报告模型的识别情况。依据Bollen（1989）的模型识别评定原则，可以识别的研究模型必须满足以下三个条件：①模型必须符合T规则，即模型中要估计的参数必须小于模型中的方差数；②不论是外因潜在变量或内因潜在变量都至少有两到三个观察指标；③模型中的因果关系没有回溯关系，不存在干扰残差的相关假设，必须是一个递归模式。邱皓政（2009）提出，测量模型还应该满足：每个测量变量只用以估计单一潜在变量；测量变量的残差之间没有共变假设；潜在变量的方差被自由估计。

2. 因素分析

本研究采用LISREL8.7软件进行验证性因子分析，模型拟合后会得到所有参数估计值及路径图。其中，参数估计值包括Lambda-A（因素载荷）、PHI（因素方差与协方差）、THETA-DELTA（测量误差方差）。因素载荷反映了测量题项能够用来解释潜在变量的程度。Hair等（2006）认为一个足够大的因素载荷代表题项具有良好的收敛效度。一般而言，当因素载荷大于0.71时，可以宣称此项目具有理想质量，因为此时潜在变量能够解释观察变量将近50%的变异，所以因素载荷可以说是基本拟合指数中最明确的一个判断标准（Bagozzi, Yi, 1988; Hair et al., 2006）。测量变量的误差变异量越小，表示测量残差越小，该变量被潜在变量解释的程度越高，在该因素中是重要的变量（邱皓政，2009）。

3. 模型整体拟合度分析

LISREL8.7软件会输出详细的拟合指数数值，可以用来分析一个假设模型与实际观察数据的拟合情况。本研究采用以下指标进行拟合度分析：

（1）整体拟合度指标

结构方程分析中最常用的模型评鉴方式是卡方检验（χ^2 Test），它反映了SEM假设模型的导出矩阵与观察矩阵的差异程度，因此此值越小，t值越不显著，模型拟合度越好。此外，卡方自由度比（χ^2/df）越小，表示模型拟合度越高，此比值小于2时表示模型具有理想的拟合度（Carmines，McLver，1981）。由于卡方值与样本数关系很大，故不能单纯根据卡方值来决定模型的拟合情况，应该综合其他指标进行考虑。在整体拟合度方面，经常使用RMSEA、GFI、AGFI、RMR、SRMR。RMSEA是比较理论模型与完美拟合的饱和模型的差距程度，大于0.10表示模型不理想（Browne，Cudeck，1993）。GFI为拟合指数，AGFI为调整后可解释变异量，一般认为需要大于0.90才可以视为具有理想的拟合度（Hu，Bentler，1999）。非标准化残差RMR与标准化残差SRMR指参数估计无法反映实际观察数据的变异量，由于RMR是基于非标准化残差值计算出来的，其数值没有标准化的特性，因此学者多采用SRMR来评估模型的优劣。SRMR数值小于0.08时，表示模型拟合度佳（Hu，Bentler，1999）。本研究采用以上标准。

（2）比较拟合度指标

在比较拟合度方面，经常使用的指标有NFI、NNFI、CFI。NFI、NNFI、CFI均反映了假设模型与一个观察变量间没有任何共变假设的独立模型的差异程度，NFI与NNFI均大于0.90且CFI大于0.95才可以视为具有理想的拟合度（Hu，Bentler，1999）。本研究采用这一标准。

（3）简效拟合度指标

在简效拟合度方面，经常使用PNFI、PGFI、CN等指标。PNFI与PGFI均反映模型的简效性，一般大于0.50是较理想的标准。CN即关键样本指数（Critical N），它是LISREL报告所特别提供的一个模型拟合统计量，其用途是用以说明样本规模的适切性。其原理是估算若要产生一个适合的模型拟合度（不显著的卡方统计量），所需要的样本数为多少（Hu，Bentler，1995）。Hoelter（1983）认为，当CN指数大于200时，表示理论模型可以适当地反映样本的数据，本研究采用这一标准。

总之，拟合指标达到一定水平，才是一个较理想的模型。本研究把具体参考的标准整理成表格，详见附表B.10。

4. 模型内部拟合分析

一个测量模型可否被接受，除了从模型的整体拟合度来看，还必须从模型的内在质量来衡量每一个潜在变量的适切性，又称为内部拟合（邱皓政，2009）。在验证性因素分析中，除了报告模型拟合指数以外，还必须进一步了解测量模型当中的个别参数是否理想（项目信效度）和各潜在变量的组合是否稳定（构念信效度），一般可从项目质量、组合信度、平均方差萃取量、因素区分效度四项进行检验（Hair，2006）。

叶乃沂（2008）指出，虽然探索性因子分析（EFA）在一定程度上能够对测量的效度进行检验，但学者们认为验证性因子分析（CFA）方法在结构效度的研究中更能发挥重要的作用。所以不少研究在分析效度时，采用了探索性因子分析与验证性因子分析并重的办法，以对数据质量进行"双重验证"。本研究所使用的量表有些源于已有文献中的成熟量表，其他量表是根据已有的理论推理结合探索性研究的结果整理形成，为了进一步检验，所以也采用这种双重检验的方法，在探索性因子分析以后，仍然对各潜在变量的测量模型进行详细的内部拟合评价。

(1) 单个测量项目的信度及效度

在结构方程模型的相关研究中，用以检验建构潜在变量的测量变量的信度指标为多元相关平方值（Squared Multiple Correlations，即R^2）。SMC反映了个别测量变量受到潜在变量影响的程度。SMC越高，表示真分数所占的比重越高，反之则表示真分数所占的比重越低，信度越低（邱皓政，2009）。本研究采用Bentler和Wu（1993）提出的标准，即单个信度指标R^2大于0.20属于可以接受的范围。单个测量项目的效度可以用标准化因子负荷值来反映，Hair等（1998）认为，一个足够大的标准化因子负荷值代表着该题项具有良好的收敛效度。在具体标准方面，Hair等人以0.71作为初始门槛，而Tabachnick和Fidell（2007）认为$\lambda \geqslant 0.55$即可声称良好。考虑到社会科学研究的特殊性，邱皓政（2009）建议采纳后一种标准。

(2) 潜在变量的信度及收敛效度

组合信度（Composite Reliability，CR）是Fornell和Larker（1981）基于SMC的概念上提出来的，它是非常类似于Cronbach's alpha的针对潜在变量的信度指标。Bagozzi和Yi（1988）以及Fornell和Larker（1981）均建议，CR达到0.60时就达到了可以接受的水平，本研究采用这一标准。

平均方差萃取量（Average Variance Extracted，AVE）可以反映一个潜在变量能被一组观察变量有效估计的收敛程度。研究者们通常同时运用平均方差萃取量以及组合信度来评价潜在变量的收敛效度（Convergent Validity）。邱皓政（2009）认为，当AVE值大于0.50时，就表示潜在变量的收敛能力十分理想，具有良好的操作性，本研究采用这一标准。

（3）潜在变量的区分效度

在具有一定的收敛效度之外，验证性因素分析的潜在变量必须具有区分效度（Discriminant validity），即不同的构念之间必须能够有效分离（Hair，2006）。本研究采用竞争模式比较法检验量表的区分效度：将两两因子的相关系数固定并设其值为1，然后将此限定模型与自由估计模型进行卡方差异限定，如果限定模型与自由估计模型的$\Delta\chi^2$大于3.84（自由度为1，置信度为95%下的χ^2），说明固定的两个因子具有区分效度（Jap，Ganesan，2000）。

5. 测量模型的简化

由于潜在变量较多且每个潜在变量的测量题项也较多，导致统合模型过于复杂的情况，结构方程模型分析允许采用一些策略进行测量模型的简化。例如，可将量表由原来的二阶模型转化为一阶模型，此做法首先计算各因子之测量变量的平均得分，然后将平均得分作为各个因子的单一衡量指标（Anderson，Gerbing，1988）。基于模型识别原则，形成高阶因素的初阶因素数量不能低于三个，否则将造成识别不足的问题（邱皓政，2009）。就HCFA而言，与相对应的CFA模型在拟合度指标上没有什么变化，最重要的系数莫过于高阶因素的因素载荷，该参数反映了高阶因素对于初阶因素的解释能力（邱皓政，2009）。此外，结构方程模型分析还允许以变量组合策略（item parceling）简化测量模型，使结构模型得以在较为简化的情形下进行估计（Bandalos，

Finney，2001）。变量组合的前提是测量同一个构念的题目才能进行组合。变量组合的方式包括辐射组合法、随机分布法、项目构念平衡法、同源法等（邱皓政，2009）。由于本研究最后进入结构方程的测量量表有九个，为避免模型过于复杂，因此考虑简化测量模型。

采用以上五个步骤，本研究对九个测量量表进行了详细的验证性因子分析（CFA）。各潜在变量的CFA过程及具体结果如下：

1. 危机传播修辞力

危机传播修辞力测量量表模型包括三个潜在变量共十一个测量变量，方差数为11×（11+1）÷2=66个，而模型中需要估计的参数共有25个（LAMBDA=11个，THETA=11个，PHI=3个），符合模型识别的T规则。此外，本模型每个潜在变量都分别由三至四个测量变量进行估计，每个测量变量都只用以估计单一潜在变量，所有测量变量的残差之间没有共变假设，潜在变量的方差被自由估计，因此模型可以得到有效的识别。LISREL模型拟合得到的路径图如图3所示。

由图3可以看出，各因素的标准化因素载荷在0.70到0.86之间，均高于0.55的建议值，显示修辞力量表的测量质量良好，各题的适切性较高，各个测量变量只被一个潜在变量影响，因子结构清晰。另外，输出的Lambda-A图显示各因素的t值介于22.28与30.18之间，大于1.96的建议值，表明各因素具有统计上的意义。三个因子之间的相关系数分别为0.69、0.85、0.59。十一个测量变量的测量误差在0.27到0.51之间。综上可得"客观描述"这

第四章 数据分析及结果

一因子最重要的影响因素是"C2公布事件起因","真诚沟通"这一因子最重要的影响因素是"C8沟通时态度诚恳","承诺修正"这一因子最重要的影响因素是"C10表示要改正不当行为"。

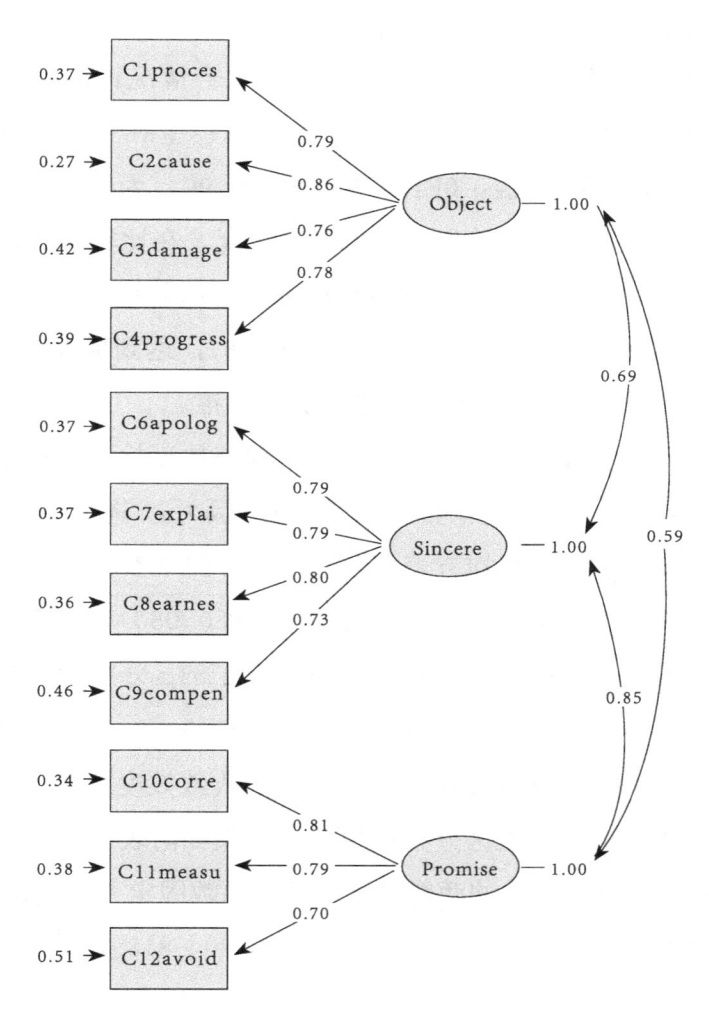

Chi-Square=186.61, df=41, P-value=0.00000, RMSEA=0.064

图3 危机传播修辞力量表CFA路径图

危机传播修辞力测量量表模型拟合的数据如附表B.11所示。对拟合情况进行分析：本测量模型χ^2（41）=186.61（P=0.000），卡方值较大且t值显著，说明理论模型与观测到的数据之间存在较大差异。然而，由于卡方值与样本数关系很大，不能单纯根据卡方值来决定模型的拟合情况，应该综合其他指标进行考虑。[⑧]在整体拟合度方面，本模型RMSEA为0.064，接近好模型的0.06门槛。GFI与AGFI大于0.90，为较理想的拟合值。SRMR为0.031，表示非常理想的拟合度。在比较拟合度方面，本模型的NFI、NNFI、CFI均达到标准。在简效拟合度方面，本模型PNFI与PGFI均大于0.50，CN值为300.67，达到标准值。综上，所有指标均达到测量模型的拟合度评价标准。

危机传播修辞力测量量表的各项信效度检验指标如附表B.12所示。LISREL分别报告了因素载荷（λ）、SMC（R^2）、因子组合信度（ρ_c）、平均方差萃取量（ρ_v）四个参数。本测量量表的λ介于0.70至0.86，t值均为显著（$P<0.05$），说明测量变量足以反映其建构的因子。本量表三个因子的ρ_c分别为0.87、0.85、0.81，因子组合信度良好。ρ_v分别为0.63、0.60、0.59。综合以上数据，说明危机传播修辞力量表的收敛效度良好。采用竞争模式比较法进行量表区分效度检验，结果如附表B.13所示：将危机传播修辞力量表中的两两因子的相关系数固定并设其值为1后，限定模型的卡方值分别为1072.53、348.80、818.76，远远大于自由估计模型的186.61，说明因子之间是具有区分效度的。另外，测

[⑧] 本模型属于大样本模型，后面的八个测量量表如出现相同情况，也适用于同样理由，因此不再做类似的详细解释。

量变量的测量误差无负值且达到显著,也进一步说明了因子具有区分效度。

危机传播修辞力测量量表符合高阶转化原则,转化后的二阶模型如图4。在危机传播修辞力量表中,三个因素载荷分别是客观描述(λ=0.69)、真诚沟通(λ=0.99)、承诺修正(λ=0.86),接近或大于0.71的理想标准。

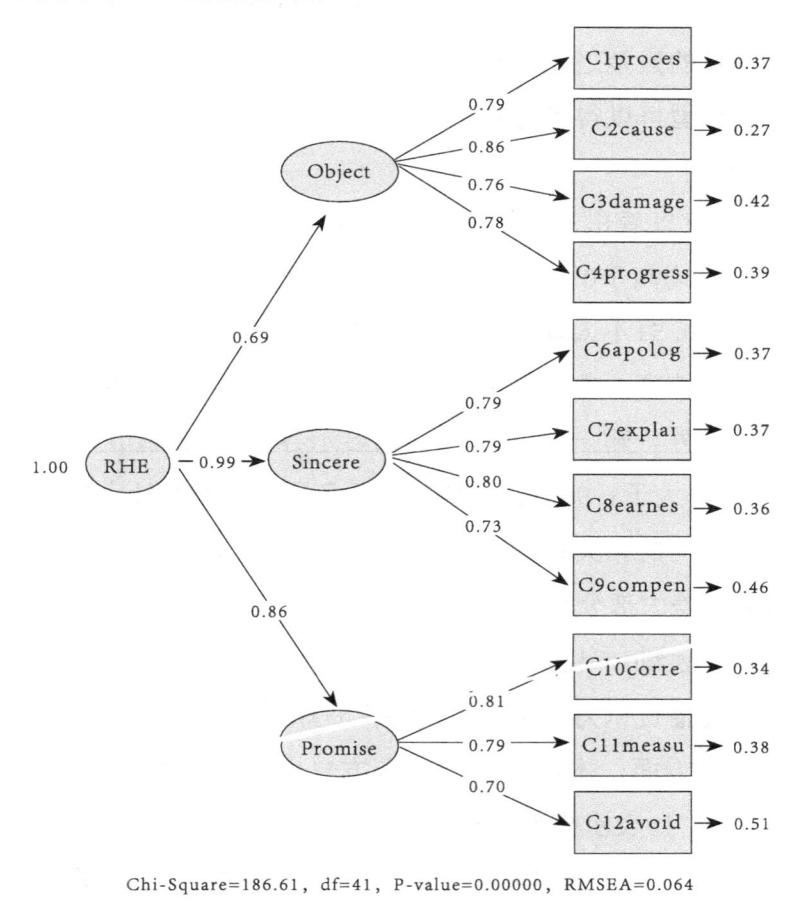

Chi-Square=186.61, df=41, P-value=0.00000, RMSEA=0.064

图4 危机传播修辞力量表的二阶模型

2. 危机传播资讯力

危机传播资讯力测量量表模型包括三个潜在变量共十个测量变量，方差数为10×（10+1）÷2=55个，而模型中需要估计的参数共有23个（LAMBDA=10个，THETA=10个，PHI=3个），符合模型识别的T规则。此外，本模型每个潜在变量都分别由三至四个测量变量进行估计，每个测量变量都只用以估计单一潜在变量，所有测量变量的残差之间没有共变假设，潜在变量的方差被自由估计，因此模型可以得到有效识别。LISREL模型拟合得到的路径图如图5所示。

由图5可以看出，各因素的标准化因素载荷大部分在0.64到0.85之间，均高于0.55的建议值，只有"C16"这一测量变量的因素载荷为0.51不太理想。整体资讯力量表的测量质量良好，各题的适切性较高，各个测量变量只被一个潜在变量影响，因子结构清晰。另外，输出的Lambda-A图显示各因素的t值介于5.75与15.35之间，大于1.96的建议值，显示各因素具有统计上的意义。三个因子之间的相关系数分别为0.73、0.63、0.73。十个测量变量的测量误差大部分在0.28到0.58之间，只有"C16"这一测量变量的误差值达到0.74，较不理想。

危机传播资讯力测量量表模型拟合结果如附表B.14所示。在整体拟合度方面，本测量模型的卡方自由度比（χ^2/df）偏大。RMSEA大于0.10表示模型不理想（Browne，Cudeck，1993），本模型为0.106，显示模型较不理想。AGFI为0.87略小于0.90，是不太理想的拟合值。SRMR为0.053，表示较理想的拟合度。在比较拟合度方面，NFI、NNFI、CFI均达到标准。在简效拟合度方面，本模型PNFI与PGFI均大于0.50，达到标准值。CN一般要求大于200才表示该模型可以适当地反映样本的数据（Hoelter，1983），本模型为143.53，未达到标准值。综上，本模型的多项拟合度指标未达到测量模型的拟合度评价标准，考虑对模型进行修正。

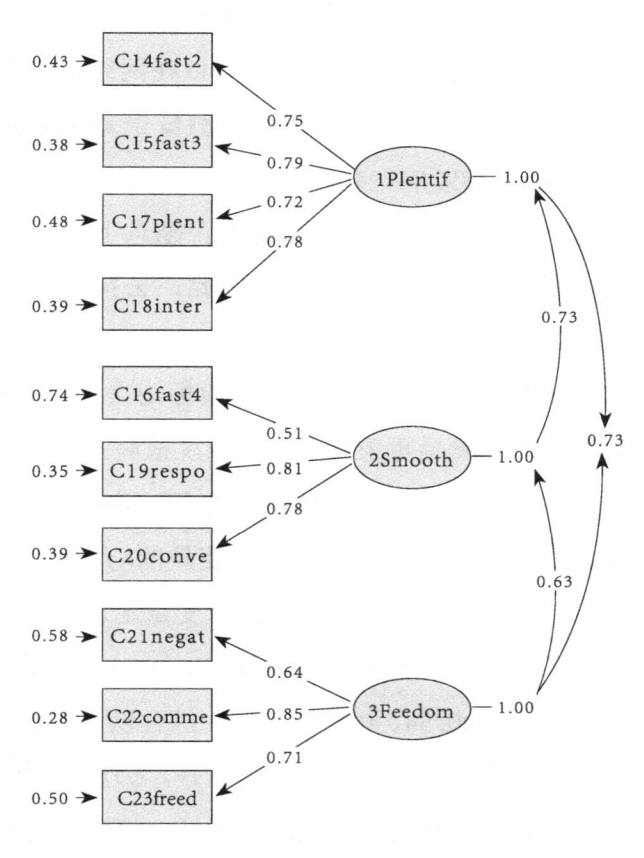

Chi-Square=344.54, df=32, P-value=0.00000, RMSEA=0.106

图5 危机传播资讯力量表CFA路径图（修正前）

根据以上的因素载荷与测量误差值分析可知，测量变量"C16很快知道品牌要怎么处理此事"的因素载荷仅为0.51，测量误差高达0.74，因此考虑删除此测量变量。此外，在LISREL分析中，当MI指数高于5时，表示该残差具有修正的必要（邱皓政，2009）。本理论模型最大的MI高达89.86，位于"C14在媒体上马上可以看到此事的报道"和"C15很快可以在网络上看到此事的消息"两个变量之间，即去掉这两个变量测量误差相关为零的约束后，卡方值至少减少89.86。仔细观察这两个变量，发现由于公众一般把网络看成是媒体，因此两个题项在题意上十分接近，被调查者容易在答题时给出接近的分值。因此，去掉这两个变量测量误差相关为零的约束。完成此修正后，CFA路径图如图6所示。修正模型的拟合度如附表B.15所示，各项指标均得到显著改善。

危机传播资讯力测量量表的各项信效度检验指标如附表B.16所示。量表各测量变量的R^2介于0.42与0.72之间，均接近或大于0.50，说明测量变量的信度良好。量表各测量变量的λ介于0.65与0.85之间，t值均为显著（$P<0.05$），说明测量变量足以反映其建构的因子。本量表三个因子的ρ_c分别为0.82、0.77、0.78，因子组合信度良好。本量表的ρ_v分别为0.54、0.63、0.54。综合以上数据，说明危机传播资讯力量表的信度与收敛效度均为良好。仍然采用竞争模型法检验量表的区分效度，结果如附表B.17所示。将危机传播资讯力量表中的两两因子的相关系数固定并设其值为1后，限定模型的卡方值分别为250.14、317.41、321.17，远远大于自由估计模型的100.09，说明因子之间是具有区分效度的。另外，测量变量的测量误差无负值且达到显著，也进一步说明了因子具有区分效度。

第四章 数据分析及结果

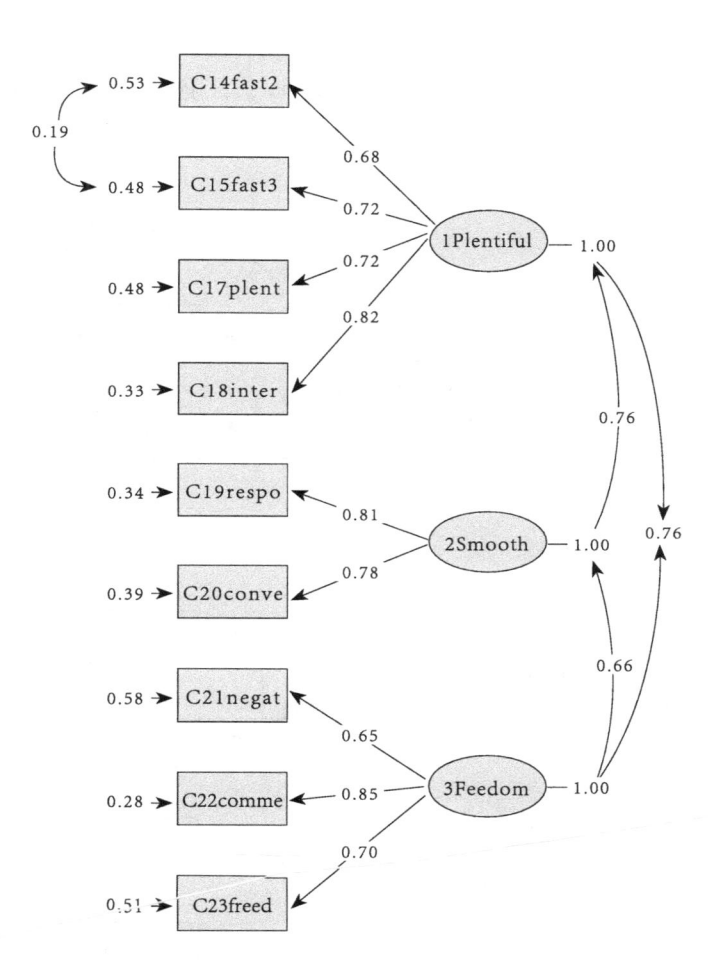

Chi-Square=100.09, df=23, P-value=0.00000, RMSEA=0.062

图6 危机传播资讯力量表CFA路径图（修正后）

▷ 品牌危机传播效果的影响模型研究

本量表符合高阶转化原则，转化后的二阶模型如图7所示。资讯力高阶量表中，三个因素载荷分别是信息充分（λ=0.94）、渠道通畅（λ=0.81）、角度多元（λ=0.81），均大于0.71的理想标准。

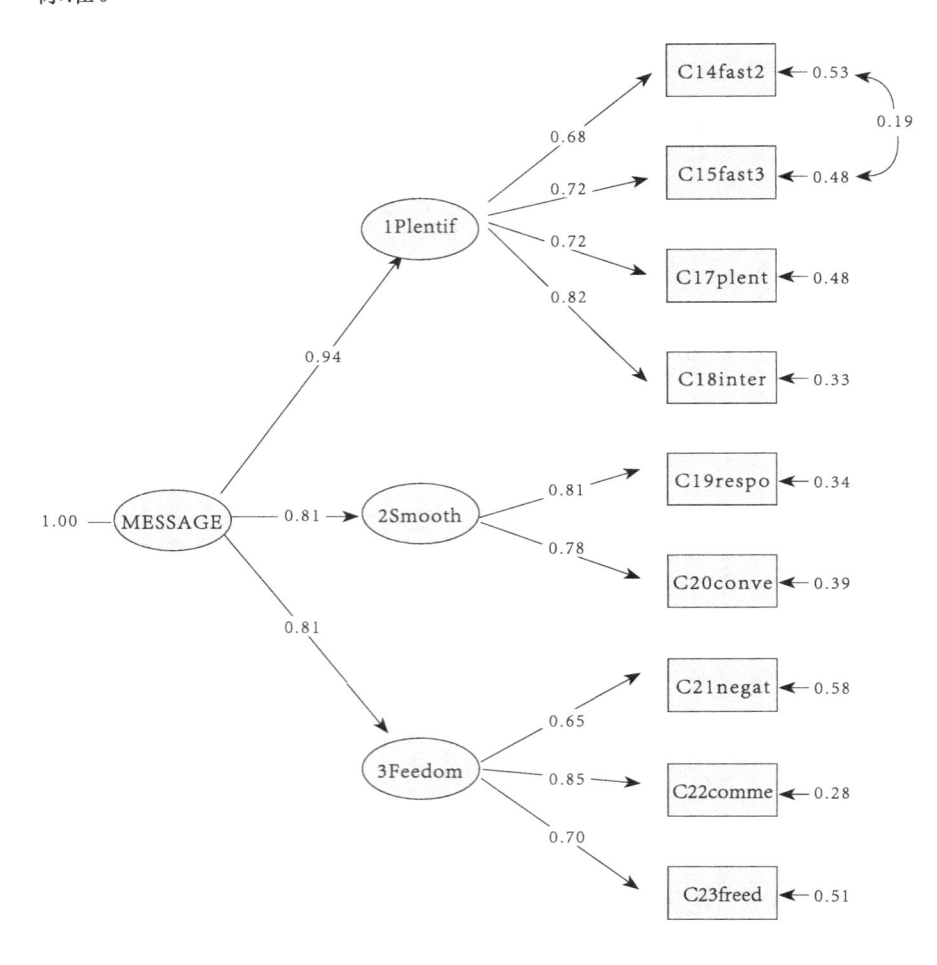

Chi-Square=100.09, df=23, P-value=0.00000, RMSEA=0.062

图7 危机传播资讯力量表的二阶模型

3. 媒体公信力

媒体公信力测量量表模型包括两个潜在变量共八个测量变量，方差数为8×（8＋1）÷2=36个，而模型中需要估计的参数共有17个（LAMBDA=8个，THETA=8个，PHI=1个），符合模型识别的T规则。此外，本模型每个潜在变量都分别由四个测量变量进行估计，每个测量变量都只用以估计单一潜在变量，所有测量变量的残差之间没有共变假设，潜在变量的方差被自由估计，因此模型可以得到有效识别。LISREL模型拟合得到的路径图如图8所示。

由图8可以看出，各因素的标准化因素载荷大部分在0.55到0.77之间，均高于0.55的建议值，整体量表的测量质量良好，各题的适切性较高，各个测量变量只被一个潜在变量影响，因子结构清晰。另外，输出的Lambda-A图显示各因素的t值介于15.28与23.97之间，大于1.96的建议值，表明各因素具有统计上的意义。两个因子之间的相关系数为0.68。八个测量变量的测量误差在0.41到0.69之间，多个变量的值大于0.50的临界值，较不理想。

模型的拟合数据如附表B.18。在整体拟合度方面，本测量模型的卡方自由度比（χ^2/df）一般，P=0.000，表示理论模型与观测到的数据之间存在的差异较显著但尚可以接受。RMSEA小于0.70表示模型较为理想（Browne，Cudeck，1993），GFI与AGFI均大于0.90，是较为理想的拟合度（Hu，Bentler，1999），SRMR为0.035，是非常理想的拟合度。在比较拟合度方面，NFI与NNFI大于0.90、CFI大于0.95才可以视为具有理想的拟合度（Hu，Bentler，1999），本模型均达到此标准。在简效拟合度方面，PNFI、PGFI均大于0.50，CN大于200，均达到标准值。综上，本

▷ 品牌危机传播效果的影响模型研究

模型的多项拟合度指标均达到甚至超过测量模型的拟合度评价标准，模型拟合情况较为理想。

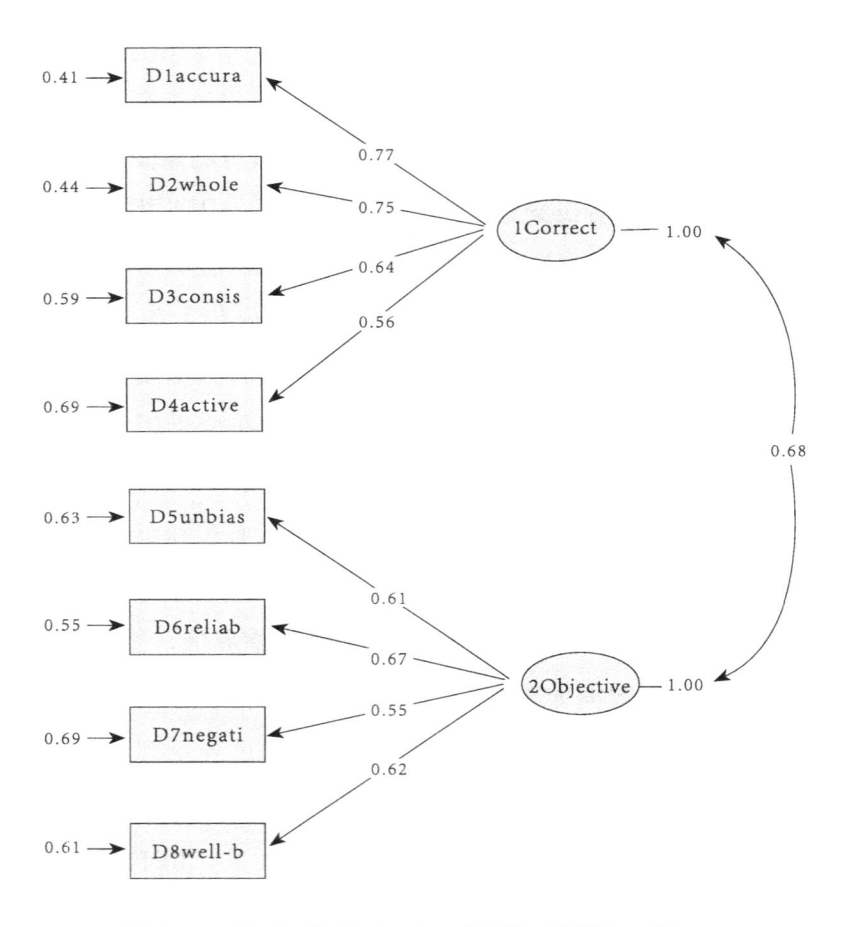

Chi-Square=83.86, df=19, P-value=0.00000, RMSEA=0.063

图8　危机传播中的媒体公信力量表CFA路径图

媒体公信力测量量表的各项信效度检验指标如附表B.19。媒体公信力量表各测量变量的R^2介于0.31与0.59之间，均大于临界值0.20，但有几个变量未达到0.50的建议值。量表的λ介于0.55与0.77之间，均大于0.55的建议值，t值均为显著（$P<0.05$），说明测量变量对因子的解释能力不错。量表两个因子的ρ_C分别为0.77、0.70，因子组合信度良好。量表的ρ_V分别为0.47、0.38，此项指标较不理想，未能达到0.50的建议值。综合以上数据，说明媒体公信力量表的信度不错，但收敛效度比较一般。两个因子间的相关为0.68，并不接近1.0，说明因子之间具有区分效度。

由于这八个测量题项可以释出很清晰的两个因子，因此利用变量组合策略，把第一阶的潜在变量改以测量变量处理，用来定义高阶的潜在变量（邱皓政，2009）。综上，危机传播中的媒体公信力量表进入结构方程的模型包括"准确"和"客观"两个测量变量，其分数为各自四个测项的分数平均值。

4. 发言人可信度

发言人可信度测量量表模型包括两个潜在变量共七个测量变量，方差数为7×（7+1）÷2=28个，而模型中需要估计的参数共有15个（LAMBDA=7个，THETA=7个，PHI=1个），符合模型识别的T规则。此外，本模型每个潜在变量都分别由三至四个测量变量进行估计，每个测量变量都只用以估计单一潜在变量，所有测量变量的残差之间没有共变假设，潜在变量的方差被自由估计，因此模型可以得到有效的识别。LISREL模型拟合得到的路径图如图9所示。

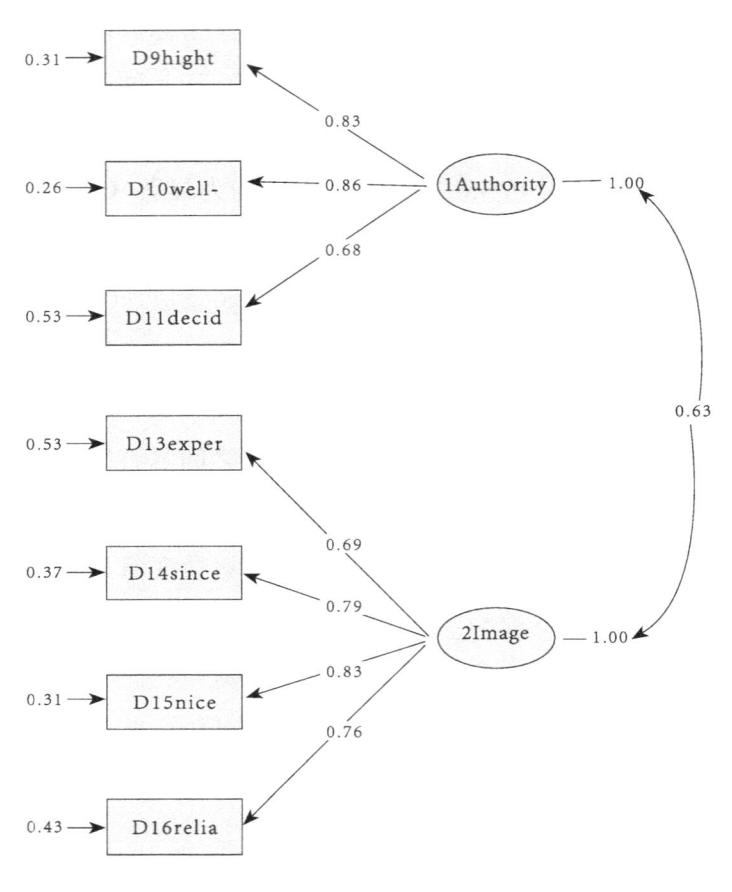

▷ 品牌危机传播效果的影响模型研究

Chi-Square=104.18, df=13, P-value=0.00000, RMSEA=0.090

图9 危机传播中的发言人可信度量表CFA路径图

由图9可以看出，各因素的标准化因素载荷在0.68到0.86之间，均高于0.55的建议值，整体量表的测量质量良好，各题的适切性较高，各个测量变量只被一个潜在变量影响，因子结构清晰。另外，输出的Lambda-A图显示各因素的t值介于21.51与29.08

之间，大于1.96的建议值，表明各因素具有统计上的意义。两个因子之间的相关系数为0.63。八个测量变量的测量误差在0.26到0.53之间，大部分小于0.50的临界值。

发言人可信度测量模型的拟合情况如附表B.20所示。在整体拟合度方面，模型的卡方自由度比（χ^2/df）一般，P=0.000，表示理论模型与观测到的数据之间存在的差异较显著但尚可以接受。RMSEA=0.090，GFI与AGFI均大于0.90，SRMR数值小于0.06，指标都较为理想。在比较拟合度方面，NFI为0.98，NNFI为0.97，CFI为0.98，三个指标都大于0.95，具有理想的拟合度。在简效拟合度方面，本模型PNFI大于0.50的标准值，PGFI接近0.50的标准值，CN大于200的标准值。综上，本模型的所有拟合度指标均达到测量模型的拟合度评价标准，整体模型拟合情况不错。

发言人可信度量表的各项信效度检验指标如B.21所示。量表各测量变量的R^2介于0.47与0.74之间，均大于临界值0.20（Bentler，Wu，1993），大部分变量超过0.50的建议值，说明测量变量的信度良好。量表的λ介于0.68与0.86之间，均大于0.55的建议值，大部分超过0.71的理想值，t值均为显著（$P<0.05$），说明测量变量对因子的解释能力良好。量表两个因子的ρ_c分别为0.83、0.85，均大于0.60的建议值（Fornell，Larcker，1981），因子组合信度良好。量表的ρ_v分别为0.63、0.60，均大于0.50的建议值（Fornell，Larcker，1981）。综合以上数据，说明发言人可信度量表的信度与收敛效度均较好。两个因子间的相关为0.63，并不接近1.0，说明因子之间具有区分效度。

由于这七个测量题项可以释出很清晰的两个因子，因此利用变量组合策略，把第一阶的潜在变量改以测量变量处理，用来定义高阶的潜在变量（邱皓政，2009）。综上，发言人可信度量表进入结构方程的模型包括"权威"和"形象好"两个测量变量，其分数为各自测项的分数平均值。

5. 品牌危机责任归因

品牌危机责任归因测量量表模型包括三个潜在变量共八个测量变量，方差数为8×（8＋1）÷2=36个，而模型中需要估计的参数共有19个（LAMBDA=8个，THETA=8个，PHI=3个），符合模型识别的T规则。此外，本模型每个潜在变量都分别由两至三个测量变量进行估计，每个测量变量都只用以估计单一潜在变量，所有测量变量的残差之间没有共变假设，潜在变量的方差被自由估计，因此模型可以得到有效的识别。LISREL模型拟合得到的路径图如图10所示。

由图10可以看出，各因素的标准化因素载荷在0.51到0.84之间。除了"B8危机事件的发生没有受到外部影响"对第三个因子"来源地"的因素载荷仅为0.51，其他因素的因素载荷均高于0.55的建议值，显示这个测量变量对此因子的贡献率不高，各个测量变量只被一个潜在变量影响，因子结构清晰。另外，输出的Lambda-A图显示各因素的t值介于17.20与22.13之间，大于1.96的建议值，表明各因素具有统计上的意义。三个因子之间的相关系数为0.48、0.46、0.47。八个测量变量的测量误差在0.30到0.74之间，其中"B8"这个变量的有些偏高。

第四章 数据分析及结果

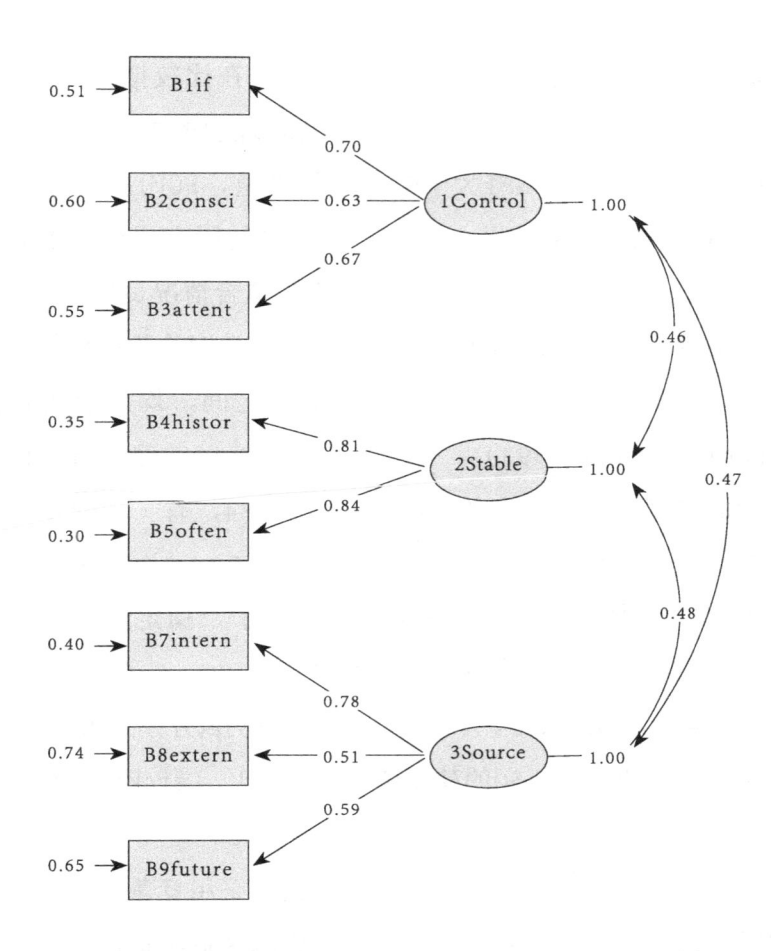

Chi-Square=109.03, df=17, P-value=0.00000, RMSEA=0.079

图10 品牌危机责任归因量表的CFA路径图

LISREL对品牌危机责任归因测量模型进行拟合，结果如附表B.22所示。在整体拟合度方面，本测量模型的卡方自由度比（χ^2/df）一般，P=0.000，表示理论模型与观测到的数据之间存在的差异较显著但尚可以接受。RMSEA小于0.80，GFI与AGFI均大于0.90，

SRMR为0.046，都是较为理想的拟合度。在比较拟合度方面，NFI与NNFI大于0.90、CFI大于0.95，具有理想的拟合度。在简效拟合度方面，本模型PNFI大于0.50的标准值，PGFI接近0.50的标准值，CN大于200的标准值。综上，本模型的所有拟合度指标均达到测量模型的拟合度评价标准，整体模型拟合情况良好。

品牌危机责任归因测量量表的各项信效度检验指标如附表B.23所示。各测量变量的R^2介于0.26与0.70之间，均大于临界值0.20（Bentler，Wu，1993），部分变量超过0.50的建议值，说明测量变量的信度尚可。量表的λ介于0.51至0.84，有一半的变量超过理想的0.71建议值，t值均为显著（$P<0.05$），说明测量变量对因子的解释能力较为不错，其中第二个因子"稳定性"的解释力最好。本量表三个因子的$ρ_c$分别为0.70、0.81、0.66，均大于0.60（Fornell，Larcker，1981）。本量表的$ρ_v$分别为0.44、0.68、0.40，接近或大于0.50的建议值（Fornell，Larcker，1981）。综合以上数据，说明品牌危机责任归因量表的信度与收敛效度还不错，其中第二个因子数值最为理想。仍然采用竞争模型法检验量表的区分效度，结果如附表B.24所示。将品牌危机责任归因量表中的两两因子的相关系数固定并设其值为1后，限定模型的卡方值分别为464.95、359.56、368.56，远远大于自由估计模型的109.03，说明因子之间是具有区分效度的。另外，测量变量的测量误差无负值且达到显著，也进一步说明了因子具有区分效度。

本量表符合高阶转化原则，转化后的二阶模型如图11所示。品牌危机责任归因高阶量表中，三个因素载荷分别是控制力（λ=0.67）、稳定性（λ=0.68）、起源地（λ=0.70），均接近

0.71的理想标准。

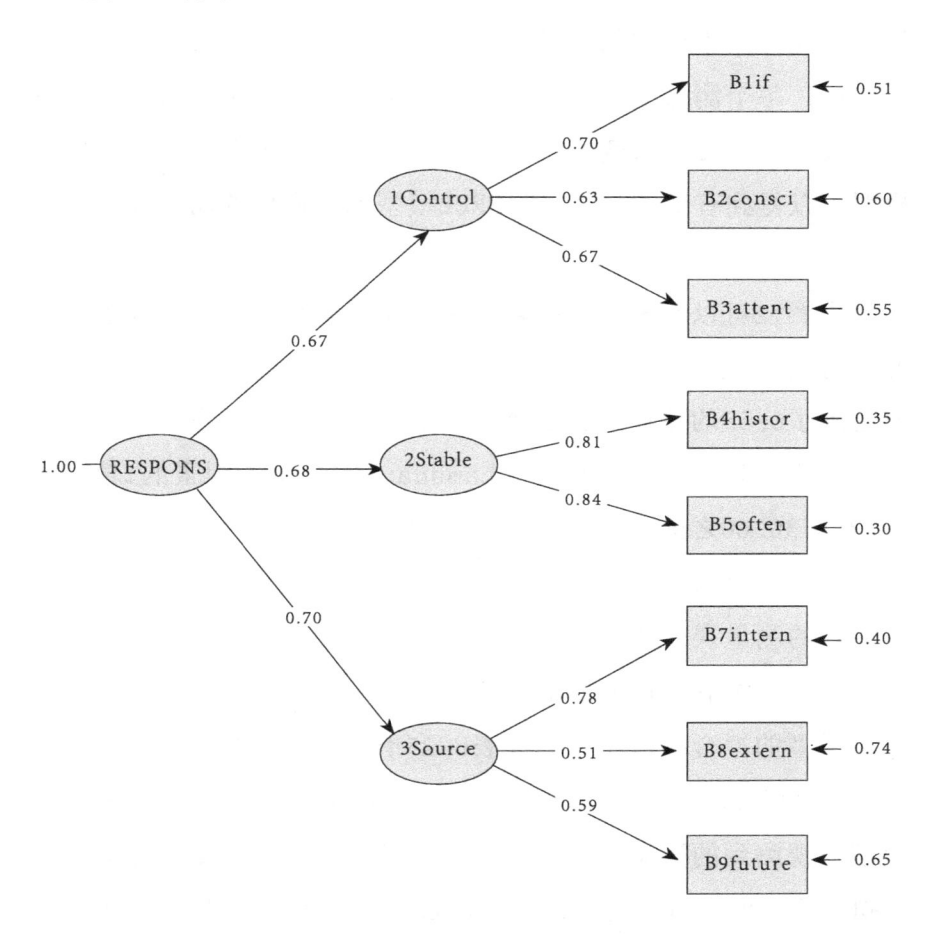

Chi-Square=109.03, df=17, P-value=0.00000, RMSEA=0.079

图11 品牌危机责任归因量表的二阶模型

6. 品牌声誉

品牌声誉测量量表模型包括三个潜在变量共九个测量变量，方差数为9×（9+1）÷2=45个，而模型中需要估计的参数共有

21个（LAMBDA=9个，THETA=9个，PHI=3个），符合模型识别的T规则。此外，本模型每个潜在变量都分别由两至四个测量变量进行估计，每个测量变量都只用以估计单一潜在变量，所有测量变量的残差之间没有共变假设，潜在变量的方差被自由估计，因此模型可以得到有效的识别。LISREL模型拟合得到的路径图如图12所示。

由图12可以看出，各因素的标准化因素载荷大部分大于0.71的理想值，仅有"A9任职意愿"为0.66，小于0.71的理想值，但达到了0.55的建议值。各个测量变量只被一个潜在变量影响，因子结构清晰。另外，输出的Lambda-A图显示各因素的t值介于20.76与30.60之间，大于1.96的建议值，表明各因素具有统计上的意义。三个因子之间的相关系数为0.64、0.78、0.72。九个测量变量的测量误差在0.25到0.57之间，除了"A9"这个变量，其他测量变量均小于0.50的临界值。

模型的拟合指数结果如附表B.25所示。本测量模型的卡方自由度比（χ^2/df）过大，远远大于2的理想值，P=0.000，表示理论模型与观测到的数据之间存在的差异较显著，必须要修正。在整体拟合度方面，RMSEA为0.127，超过标准值范围。GFI大于0.90，SRMR小于0.080，是较为理想的拟合度值。但AGFI小于0.90，未达到标准值。在比较拟合度方面，NFI与NNFI大于0.90、CFI大于0.95才可以视为具有理想的拟合度（Hu，Bentler，1999），本模型均达到此标准。在简效拟合度方面，PNFI大于0.50的标准值，PGFI接近0.50的标准值，CN一般要求大于200才表示该模型可以适当地反映样本的数据（Hoelter，1983），本模型未达到此标准值。综上，本模型的几个重要指标如卡方自由比、RMSEA、CN值均未达到测量模型的拟合度评价标准，整体模型拟合情况不佳，模型需要修正。

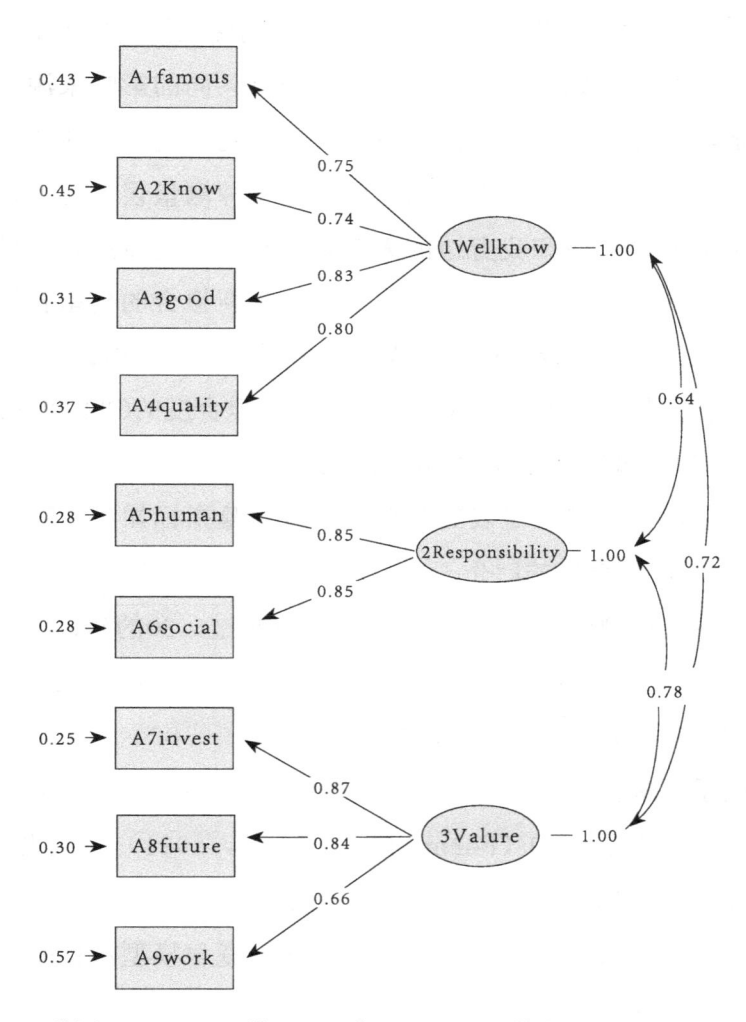

Chi-Square=362.34, df=24, P-value=0.00000, RMSEA=0.127

图12　品牌声誉量表的CFA路径图（修正前）

观察MI指数，此模型最大的MI值高达253.33，落在"A1是个知名品牌"和"A2我和我身边的人都知道它"之间，也即去掉这两个变量测量误差相关为零的约束后，卡方值至少减少253.33。仔细考虑这两个题项，由于题意太过于接近，被调查者很难分辨，因此两个题项的测量误差之间仍有共同的影响来源。根据大多数结构方程书的观点，一般建议"慎用改变测量残差之间共变的估计状态的修饰法"。综上，决定去掉测量误差更大、因素载荷更低的"A2我和我身边的人都知道它"，重新拟合模型。第二次拟合的模型的路径图如图13所示。重新拟合的模型较第一次有了很大改善，拟合指标如附表B.26所示，卡方自由比、RMSEA等整体拟合指数均有了显著改善，评价简效拟合度的CN值也超过了200的标准值。修饰后的模型拟合情况良好。

品牌声誉测量量表的各项信效度检验指标如附表B.27所示。量表各测量变量的R^2介于0.43与0.75之间，均大于临界值0.20（Bentler，Wu，1993），大部分变量超过0.50的建议值，说明测量变量的信度良好。量表的λ介于0.66与0.87之间，大部分变量超过理想的0.71建议值，t值均为显著（$P<0.05$），说明测量变量对因子的解释能力良好。量表三个因子的ρ_c分别为 0.82、0.83、0.83，均大于0.60（Fornell，Larcker，1981）。量表的ρ_v分别为0.61、0.71、0.63，均大于0.50的建议值。综上，品牌声誉量表的信度与收敛效度均良好。仍然采用竞争模型法检验量表的区分效度，结果如附表B.28所示。将品牌声誉量表中的两两因子的相关系数固定并设其值为1后，限定模型的卡方值分别为417.13、455.89、298.56，远远大于自由估计模型的93.45，说明因子之间

是具有区分效度的。另外，测量变量的测量误差无负值且达到显著，也进一步说明了因子具有区分效度。

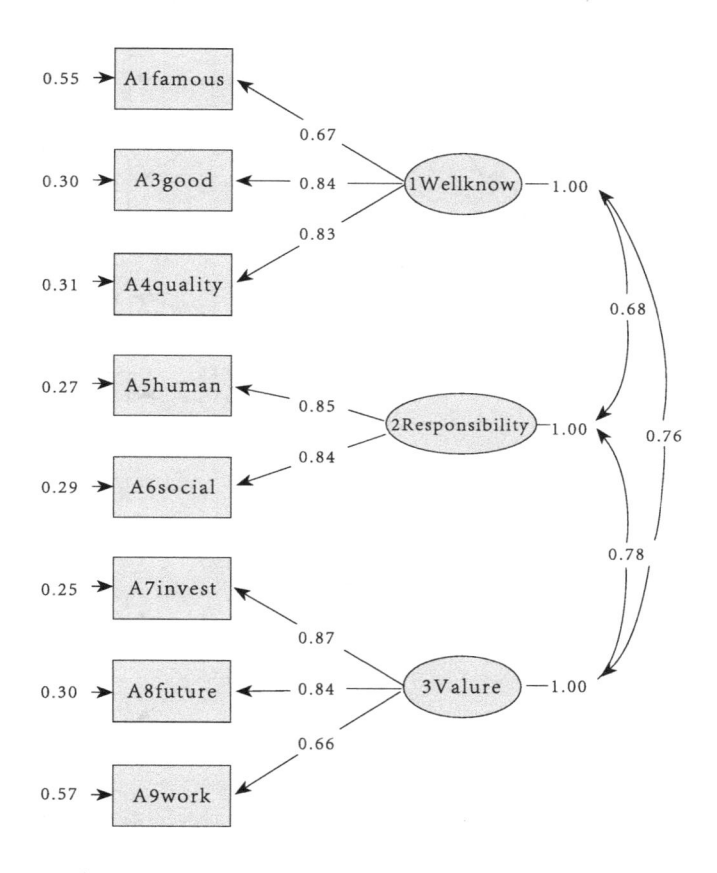

Chi-Square=93.45, df=17, P-value=0.00000, RMSEA=0.072

图13 品牌声誉量表的CFA路径图（修正后）

本量表符合高阶转化原则，转化后的二阶模型如图14所示。品牌声誉高阶量表中，三个因素载荷分别是认知（λ=0.81）、社会责任感（λ=0.84）、品牌价值（λ=0.94），均超过0.71的理想标准。

▷ 品牌危机传播效果的影响模型研究

Chi-Square=93.45, df=17, P-value=0.00000, RMSEA=0.072

图14 品牌声誉量表的二阶模型

7. 危机事件说服力

危机事件说服力测量量表模型包括三个潜在变量共九个测量变量，方差数为9×（9＋1）÷2=45个，而模型中需要估计的参数共有21个（LAMBDA=9个，THETA=9个，PHI=3个），符合模型识别的T规则。此外，本模型每个潜在变量都分别由三个测量变量进行估计，每个测量变量都只用以估计单一潜在变量，所有测量变量的残差之间没有共变假设，潜在变量的方差被自由估计，因此模型可以得到有效的识别。LISREL模型拟合得到的路径图如图15所示。

由图15可以看出，各因素的标准化因素载荷大部分大于0.71的理想值，各个测量变量只被一个潜在变量影响，因子结构清晰。另外，输出的Lambda-A图显示各因素的t值介于26.16与33.09之间，大于1.96的建议值，表明各因素具有统计上的意义。三个因子之间的相关系数为0.78、0.64、0.64。九个测量变量的测量误差在0.23到0.42之间，均小于0.50的临界值。

模型拟合结果如附表B.29所示，本测量模型的卡方自由度比（χ^2/df）过大，远远大于2的理想值，$P=0.000$，表示理论模型与观测到的数据之间存在的差异较显著，必须要修正。在整体拟合度方面，RMSEA为0.097，刚刚达到标准值范围。GFI大于0.90，AGFI等于0.90，SRMR小于0.080，是较为理想的拟合度值。在比较拟合度方面，NFI与NNFI大于0.90、CFI大于0.95才可以视为具有理想的拟合度（Hu，Bentler，1999），本模型均达到此标准。在简效拟合度方面，本模型PNFI与PGFI均大于0.50的标准值。CN一般要求大于200才表示该模型可以适当地反映样本的数据（Hoelter，1983），本模型未达到标准值。综上，本模型的几个重要指标如卡方自由比、CN值均未达到测量模型的拟合度评价标准，整体模型拟合情况较一般，考虑对模型进行修正。

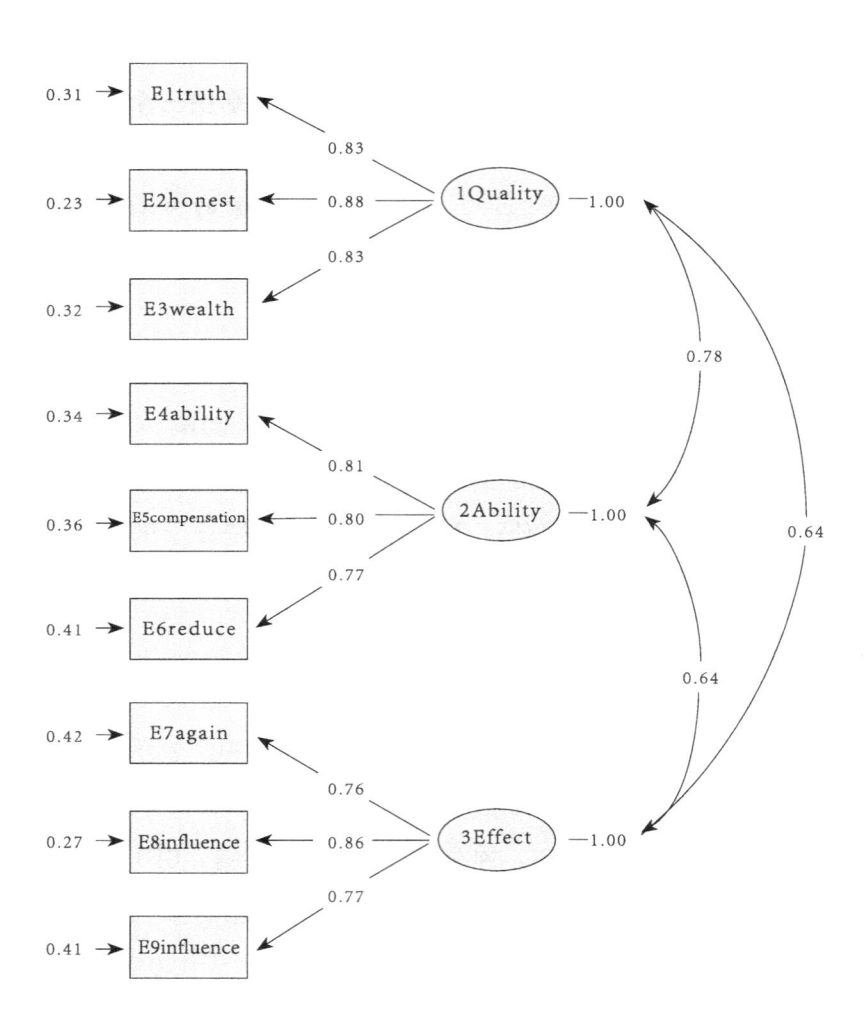

▷ 品牌危机传播效果的影响模型研究

Chi-Square=218.69, df=24, P-value=0.00000, RMSEA=0.097

图15 危机事件说服力量表的CFA路径图（修正前）

观察MI指数，此模型最大的MI值高达99.86，落在"E8此事件不会影响消费者购买"和"E9此事件对经营不会有太大影响"之间，也即去掉这两个变量测量误差相关为零的约束后，卡方值至少减少99.86。仔细考虑这两个题项，由于被调查者是购买者而非经营者，无法准确判断是否对经营有影响，但在认知上会认为对购买的影响一定会波及经营，因此两个题项的测量误差之间仍有共同的影响来源。综上，决定去掉"E8"和"E9"这两个变量测量误差相关为零的约束，重新拟合模型。

第二次拟合的模型的路径图如图16所示。重新拟合的模型较第一次有了很大改善，拟合指标如附表B.30所示，卡方自由比、RMSEA等整体拟合指数均有了显著改善，评价简效拟合度的CN值也超过了200的标准值。修饰后的模型拟合情况良好。

危机事件说服力量表的各项信效度检验指标如附表B.31所示，除了"E9"的R^2值为0.38以外，危机事件说服力量表各测量变量的R^2介于0.52与0.77之间，均大于0.50的建议值，说明测量变量的信度良好。量表的λ介于0.62与0.88之间，大部分变量超过理想的0.71建议值，t值均为显著（$P<0.05$），说明测量变量对因子的解释能力良好。量表三个因子的ρ_c分别为0.88、0.83、0.78，均大于0.60（Fornell，Larcker，1981）。量表的ρ_V分别为0.71、0.63、0.55，均大于0.50的建议值。综上，危机事件说服力量表的信度与收敛效度均良好。仍然采用竞争模型法检验量表的区分效度，结果如附表B.32所示。将危机事件说服力量表中的两两因子的相关系数固定并设其值为1后，限定模型的卡方值分别为485.75、333.93、303.63，远远大于自由估计模型的116.54，说明因子之间是具有区分效度的。另外，测量变量的测量误差无负值且达到显著，也进一步说明了因子具有区分效度。

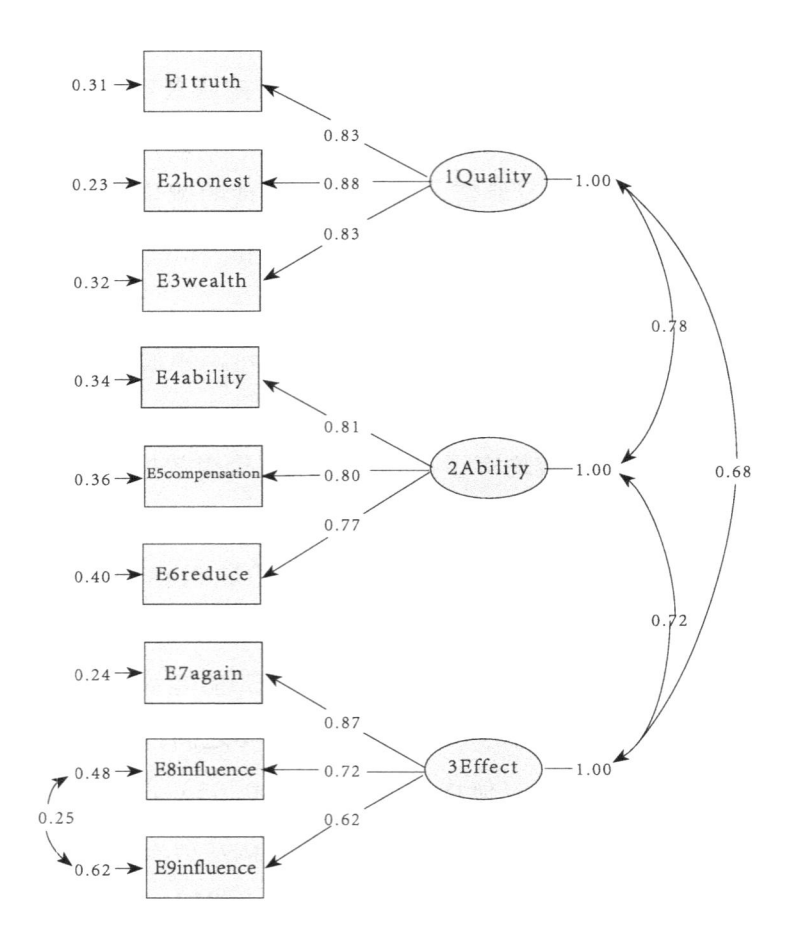

▷ 品牌危机传播效果的影响模型研究

Chi-Square=116.54, df=23, P-value=0.00000, RMSEA=0.068

图16 危机事件说服力量表的CFA路径图（修正后）

本量表符合高阶转化原则，转化后的二阶模型如图17所示。危机事件说服力高阶量表中，三个因素载荷分别是品质（λ=0.86）、能力（λ=0.91）、影响力（λ=0.80），大于0.71的

144

理想值。

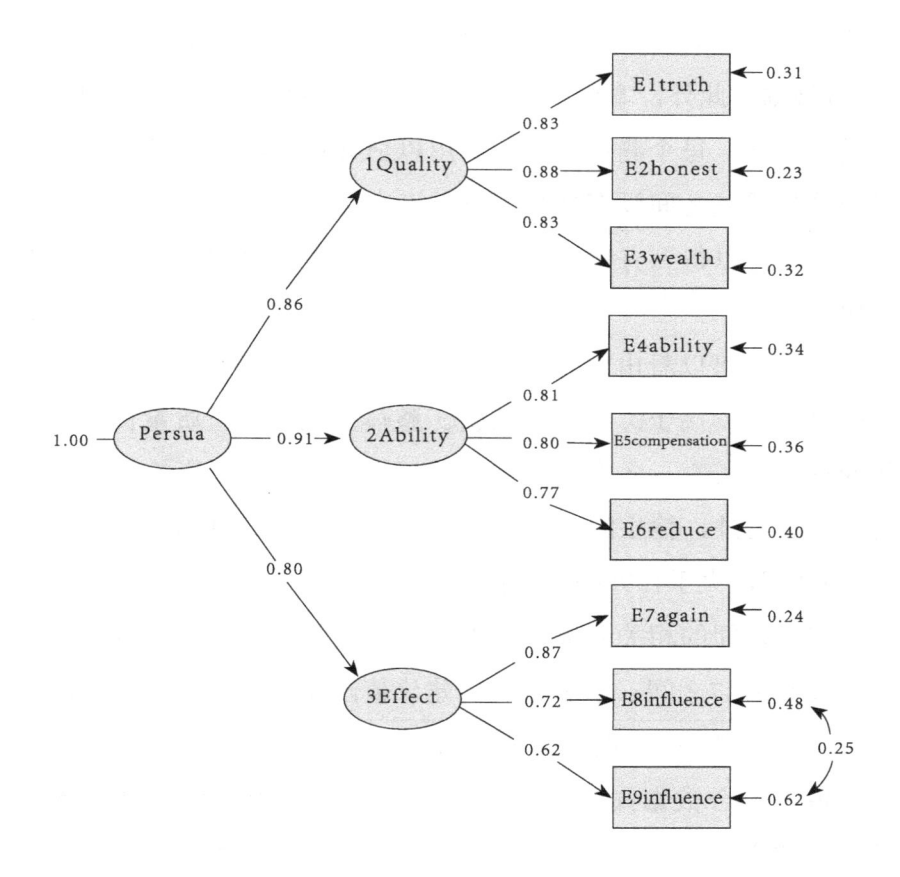

图17 危机事件说服力量表的二阶模型

8. 品牌认知与品牌态度

品牌认知与品牌态度测量量表模型包括两个潜在变量共七个

测量变量，方差数为7×（7+1）÷2=28个，而模型中需要估计的参数共有15个（LAMBDA=7个，THETA=7个，PHI=1个），符合模型识别的T规则。此外，本模型每个潜在变量都分别由三至四个测量变量进行估计，每个测量变量都只用以估计单一潜在变量，所有测量变量的残差之间没有共变假设，潜在变量的方差被自由估计，因此模型可以得到有效的识别。LISREL模型拟合得到的路径图如图18所示。

由图18可以看出，各因素的标准化因素载荷大部分在0.64到0.90之间，均高于0.60的建议值。整体量表的测量质量良好，各题的适切性较高，各个测量变量只被一个潜在变量影响，因子结构清晰。另外，输出的Lambda-A图显示各因素的t值介于20.28与33.64之间，大于1.96的建议值，表明各因素具有统计上的意义。两个因子之间的相关系数分别为0.81。测量变量的测量误差大多在0.18到0.47之间，小于0.50的建议值，仅有"F6主动了解品牌信息"这一测量变量的误差值达到0.60，较不理想。

模型拟合数据如附表B.33所示。在整体拟合度方面，本测量模型的卡方自由度比（χ^2/df）较大，表示模型拟合度不太理想，也即理论模型与观测到的数据之间存在较大差异。RMSEA为0.099，显示模型达到基本拟合标准。GFI与AGFI一般认为需要大于0.90才可以视为具有理想的拟合度，本模型均达到此标准。SRMR数值小于0.08时，表示模型拟合度佳，本模型SRMR为0.030，表示较理想的拟合度。在比较拟合度方面，NFI与NNFI大于0.90、CFI大于0.95才可以视为具有理想的拟合度（Hu，Bentler，1999），本模型均达到此标准。在简效拟合度方面，本模型PNFI

达标，PGFI略小于0.50的标准值。CN为198.15，非常接近标准值。综上，本模型的多项拟合度指标均基本达到测量模型的拟合度评价标准。

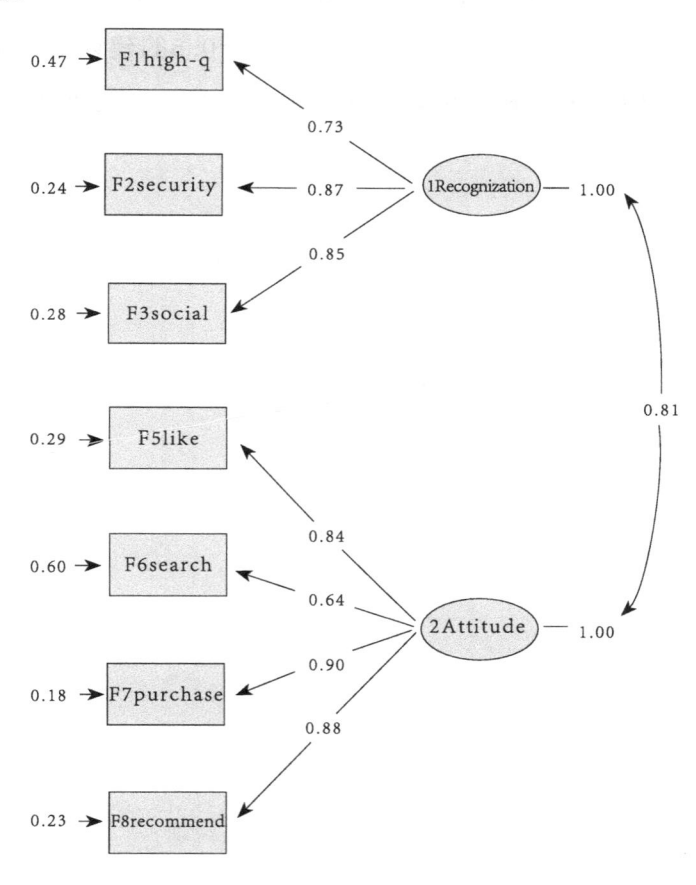

Chi-Square=124.04, df=13, P-value=0.00000, RMSEA=0.099

图18 品牌认知与品牌态度量表的CFA路径图

品牌认知与品牌态度测量量表的各项信效度检验指标如附表B.34所示。量表各测量变量的R^2介于0.40与0.77之间，大部分均接近或大于0.50，说明测量变量的信度良好。量表的λ介于0.64与0.90之间，t值均为显著（$P<0.05$），说明测量变量足以反映其建构的因子。两个因子的ρ_c分别为0.86、0.89，因子组合信度良好。量表的ρ_v分别为0.67、0.67，大于0.5的建议值。综合以上数据，说明品牌认知与品牌态度量表的信度与收敛效度均为良好。

第四节 研究模型的建构与检验

经过以上的探索性因子分析与验证性因子分析，本研究精简与完善了九个潜在变量的测量量表。根据研究的理论假设与模型架构，进入结构方程模型（SEM）的统合模型检验分析。

一、测量模型假设

品牌危机传播效果的影响模型包括九个潜在变量：危机传播修辞力、危机传播资讯力、媒体公信力、发言人可信度、品牌危机责任归因、品牌声誉、危机事件说服力、品牌认知、品牌态度。其中，危机传播修辞力、危机传播资讯力、媒体公信力、发言人可信度、品牌危机责任归因、品牌声誉为外因潜在变量，危机事件说服力、品牌认知、品牌态度为内因潜在变量。

危机传播修辞力由三个外因观察变量（客观描述、真诚沟通、承诺修正）反映，这三个外因观察变量分别是由几个测量项目所构成的组合变量。客观描述的测量项目为：① 介绍事件发生的经过；② 公布事件的起因；③ 公布造成的伤害或损失；④ 报告事件的进展情况。真诚沟通的测量项目为：① 为造成的伤害或损失道歉；② 出面解释公众或媒体的质疑；③ 沟通时态度诚恳；④ 提出补偿造成的伤害或损失。承诺修正的测量项目为：① 表示要改正不当行为；② 提出进一步整改的具体措施；③ 表示今后要避免类似事件发生。由于量表的信度、收敛效度及区分效度均已达到可接受的标准，故在研究模型中危机传播修辞力量表由原来的二阶模型转化为一阶模型，以各观察变量的测量项目得分的平均值作为该变量的分值。

危机传播资讯力由三个外因观察变量（信息充分、渠道通畅、角度多元）反映，这三个外因观察变量分别是由几个测量项目所构成的组合变量。信息充分的测量项目为：① 在媒体上马上可以看到此事的报道；② 很快可以在网络上看到此事的消息；③ 可以看到较多媒体对品牌的采访报道；④ 各大门户网站上都有关于此事的报道。渠道通畅的测量项目为：① 在报道里可以看到品牌的应对与处理；② 可以很方便找到此事的相关信息。角度多元的测量项目为：① 可以看到对品牌持负面态度的报道；② 可以看到对此事件的各种评论帖子；③ 可以自由发表对此事的看法。由于量表的信度、收敛效度及区分效度均已达到可接受的标准，故在研究模型中危机传播资讯力量表由原来的二阶模型转化为一阶模型，以各观察变量的测量项目得分的平均值作为该变量的分值。

危机传播中的媒体公信力由八个外因观察变量反映：① 媒

体根据事实进行事件的报道；② 媒体对事件的报道比较完整；③ 媒体对事件的报道比较一致；④ 媒体的报道里有来自品牌的信息或说法；⑤ 媒体在报道事件时没有偏见；⑥ 对有争议的问题媒体能够公正反映各方观点；⑦ 媒体对事件的焦点问题敢于提出自己的负面看法；⑧ 媒体在报道事件时考虑消费者的利益。由于本量表只有两个潜在变量，不符合高阶模型的识别条件，因此采用变量组合的方式精简模型，以减少结构模型的复杂性。由于媒体公信力释出的两个因子"准确"和"客观"信效度良好，因此直接根据因子结构组合题项的分值。

危机传播中的发言人可信度由七个外因观察变量反映：① 发言人在公司的职位较高；② 发言人是公司较知名的人；③ 发言人对事件有决定性的影响；④发言人是这个领域的专家；⑤ 发言人在发言时态度真诚；⑥ 发言人对媒体友好，有问有答；⑦ 发言人看上去是个可靠的人。由于本量表只有两个潜在变量，不符合高阶模型的识别条件，因此采用变量组合的方式精简模型，以减少结构模型的复杂性。由于发言人可信度释出的两个因子"权威"和"形象好"信效度良好，因此直接根据因子结构组合题项的分值。

品牌危机责任归因由三个外因观察变量（控制力、稳定性、起源地）反映，这三个外因观察变量分别是由二到三个测量项目所构成的组合变量。控制力的测量项目为：① 如果重视，危机事件就不会发生；② 危机事件是在有意识的情况下发生的；③ 当刚开始有负面消息时没有引起重视。稳定性的测量项目为：① 以前发生过类似的危机事件；② 经常出现质量问题。起源地的测量项目为：① 危机事件的发生是内部引起的；② 危机事件的发生没有受到外部影响；③ 如果内部管理不当，还是会发生类似事件。由于量表的信度、收敛效度及区分效度均已达到可接受的标准，故在研究模型中品牌危机责任归因量表由原来的二阶模型转化为一阶模型，以各观察变量的测量项目得分的平均值作为该变量的分值。

品牌声誉由三个外因观察变量（认知、社会责任感、品牌价值）反映。认知的测量项目为：① 是个知名品牌；② 拥有不错的产品；③ 相比同行业其他品牌质量较高。社会责任感的测量项目为：① 平时的所作所为以人为本；② 热心公益事业。品牌价值的测量项目为：① 是个值得投资的品牌；② 具有良好的发展前景；③ 任职愿意。由于量表的信度、收敛效度及区分效度均已达到可接受的标准，故在研究模型中品牌声誉量表由原来的二阶模型转化为一阶模型，以各观察变量的测量项目得分的平均值作为该变量的分值。

危机事件说服力由三个内因观察变量（品质、能力、影响力）反映。品质的测量项目为：① 说出了事件的真相；② 是一个诚实的品牌；③ 在处理事件时为消费者利益着想。能力的测量项目为：① 能够采取有力的措施解决；② 消费者的损失会得到补偿；③ 事件的不良影响能够减少。影响力的测量项目为：① 今后不会再发生类似事件；② 此事件不会影响消费者购买；③ 此事件对经营不会有太大影响。由于量表的信度、收敛效度及区分效度均已达到可接受的标准，故在研究模型中危机事件说服力量表由原来的二阶模型转化为一阶模型，以各观察变量的测量项目得分的平均值作为该变量的分值。

品牌认知由三个内因观察变量（品牌质量好、品牌安全、品牌有社会责任感）反映，品牌态度由四个内因观察变量（喜欢品牌、主动了解品牌信息、购买品牌、推荐品牌）反映，如图18。

综上，经过探索性因子分析和验证性因子分析两个步骤的完善，七个测量模型（HCFA图4、HCFA图7、HCFA图11、HCFA图14、HCFA图17、CFA图18）直接进入结构方程，两个测量模型（CFA图8、CFA图9）采用变量组合策略进行模型简化之后，共九个测量模型进入第二阶段的影响路径分析和统合模型分析。

二、模型的识别和数据资料的检视

依据Bollen（1989）的模型识别评定原则，可以识别的研究模型必须满足以下三个条件。首先，模型必须符合T规则，即模型中要估计的参数必须小于模型中的方差数。本模型有16个外因观察变量，十个内因观察变量，因此方差数共有（16＋10）（16＋10＋1）/2=351个，而模型中要估计的参数共有77个（LAMBDA=23个，GAMMA=8个，BETA=2个，PHI=15个，PSI=3个，THETA=26个），因而符合T规则。其次，不论是外因潜在变量还是内因潜在变量都至少有2到3个观察指标。本模型中每个潜在变量都至少有2到3个观察指标。最后，模型中的因果关系没有回溯关系，不存在干扰残差的相关假设，必须是一个递归模式。本模型中外因潜在变量与内因潜在变量之间都是单向因果关系。

由于LISREL的ML估计法有常态分配的假定，即要求观察变量的数据资料必须是正态分布的。所以在对模型检验前，需要对所收集数据资料先进行观察变量的单变量正态分布和多变量的正态分布考验。表22是所有观察变量的平均数、标准差、偏度、峰度以及正态分布检验的卡方值和P值。结果显示，26个观察变量的峰度和偏度都接近0，单变量正态分布检验中，前20个变量的P值＞0.05，也即达到了正态分布的要求。第21个到第26个变量的P值＜0.05，数据未能呈现正态分布。本研究模型属于大模型（观察变量个数远远超过8个），且大部分观察变量（20个）都通过正态考验，未通过正态考验的6个观察变量的峰度都较小，说明近似达到正态分布水平，所以本研究仍然采用ML估计法。

表22　品牌危机传播效果的影响模型中
所有观察变量的数值分布情况

观察变量	平均数	标准差	偏度	峰度	正态分布检验 卡方值	P值
1. 客观描述	3.6250	1.32319	−0.015	−0.596	0.607	0.738
2. 真诚沟通	4.1382	1.29860	−0.234	−0.382	0.175	0.916
3. 承诺修正	4.2770	1.34573	−0.269	−0.283	1.391	0.499
4. 信息充分	4.7023	1.34595	−0.199	−0.615	2.445	0.295
5. 渠道通畅	4.2609	1.44212	−0.131	−0.621	1.900	0.387

续表

观察变量	平均数	标准差	偏度	峰度	正态分布检验 卡方值	正态分布检验 P 值
6. 角度多元	4.7479	1.22521	-0.213	-0.464	1.054	0.591
7. 报道准确	4.4221	1.02137	0.004	-0.135	0.025	0.988
8. 报道客观	4.2379	1.02142	-0.114	-0.092	0.000	1.000
9. 发言人权威	4.4648	1.22726	-0.104	-0.204	0.784	0.676
10. 发言人形象好	4.0684	1.21042	-0.088	-0.292	0.023	0.988
11. 品牌控制力	4.6935	1.19070	-0.183	-0.528	0.406	0.816
12. 危机稳定性	3.8069	1.37442	0.081	-0.383	1.438	0.487
13. 危机的起源地	4.4280	1.04476	0.041	-0.296	0.018	0.991
14. 品牌认知（危机前）	4.9375	1.28541	-0.439	-0.348	2.340	0.310
15. 品牌社会责任感（危机前）	3.9678	1.46737	-0.120	-0.464	3.289	0.193
16. 品牌价值（危机前）	4.3241	1.42508	-0.247	-0.478	1.948	0.377
17. 事件中展现出来的品质	3.7046	1.35057	0.030	-0.515	0.949	0.622

续表

观察变量	平均数	标准差	偏度	峰度	正态分布检验 卡方值	正态分布检验 P值
18. 事件中展现出来的能力	4.0479	1.32037	-0.172	-0.594	0.200	0.905
19. 事件的影响力	3.5506	1.36318	0.131	-0.621	1.005	0.605
20. 品牌产品质量好（危机后）	4.4200	1.44700	-0.305	-0.393	3.858	0.145
21. 品牌安全（危机后）	4.1100	1.57900	-0.186	-0.585	8.550	0.014
22. 品牌有社会责任感（危机后）	3.9900	1.60800	-0.057	-0.663	10.404	0.006
23. 喜欢品牌（危机后）	3.6500	1.74500	0.146	-0.865	26.903	0.000
24. 主动了解品牌信息（危机后）	3.6000	1.75300	0.129	-0.885	31.059	0.000
25. 购买品牌（危机后）	3.7400	1.84400	0.015	-1.079	39.657	0.000
26. 推荐品牌（危机后）	3.3600	1.81700	0.266	-0.988	49.472	0.000
多变量正态分布检验：卡方值=1962.378 P=0.000							

除了符合正态分布以外，Hair等（2006）指出，验证性因子分析的估计结果所得到的潜在变量之间也必须具有区分效度。为保证理论模型中所包含的各个理论构念之间具有足够的区分效度，本研究采用了相关系数的区间估计法对任意两个潜在变量之间的区分效度进行了考察。具体计算方式为：如果两个潜在变量的95%的置信区间（Confidence Interval）涵盖了1.00，则表明两个潜在变量所代表的理论构念之间缺乏区分力。表23中列出了各个潜在变量之间的相关系数，经过计算，任意两个变量间相关系数的95%的置信区间（95%CI）均未涵盖1.00，也就是说，任意两个理论构念之间均具备足够的区分效度。

具体计算方式如下：

表中最大的相关系数0.78为媒体公信力与危机传播资讯力的相关系数，以其为例，其标准误差为0.02，则其95%的置信区间的计算过程为：

$$95\%CI = 0.78 \pm 1.96 \times (0.02)$$
$$= 0.78 \pm 0.0392$$
$$= 0.7408 \sim 0.8192$$

可以看出，最终数值并未涵盖1.00，说明该相关系数显著不等于1.00。即媒体公信力与危机传播资讯力这两个潜在变量之间具有理想的区分效度。不妨以此推断，其他相关系数更小的潜在变量之间均具有足够的区分效度。

▷ 品牌危机传播效果的影响模型研究

表23 品牌危机传播效果的影响模型中的
外源潜在变量相关系数矩阵

变量	危机传播修辞力	危机传播资讯力	媒体公信力	发言人可信度	品牌危机责任归因	品牌声誉
危机传播修辞力	1.00					
危机传播资讯力	0.57***	1.00				
媒体公信力	0.56***	0.78***	1.00			
发言人可信度	0.70***	0.57***	0.75***	1.00		
品牌危机责任归因	0.14**	0.32***	0.26***	0.08	1.00	
品牌声誉	0.31***	0.22***	0.34***	0.37***	-0.18***	1.00

注：t值大于1.96时，$P<0.05$；t值大于2.58时，$P<0.01$；t值大于3.29时，$P<0.001$。

三、研究模型的估计与拟合度评价

本研究使用结构方程模型LISREL8.7统计软件验证提出的理论模型，以各观察变量的协方差矩阵（详见附表B.35）为基础，依据研究模型中的测量模型和结构模型的假设撰写程序后，执行出来的结果具体如图19所示。

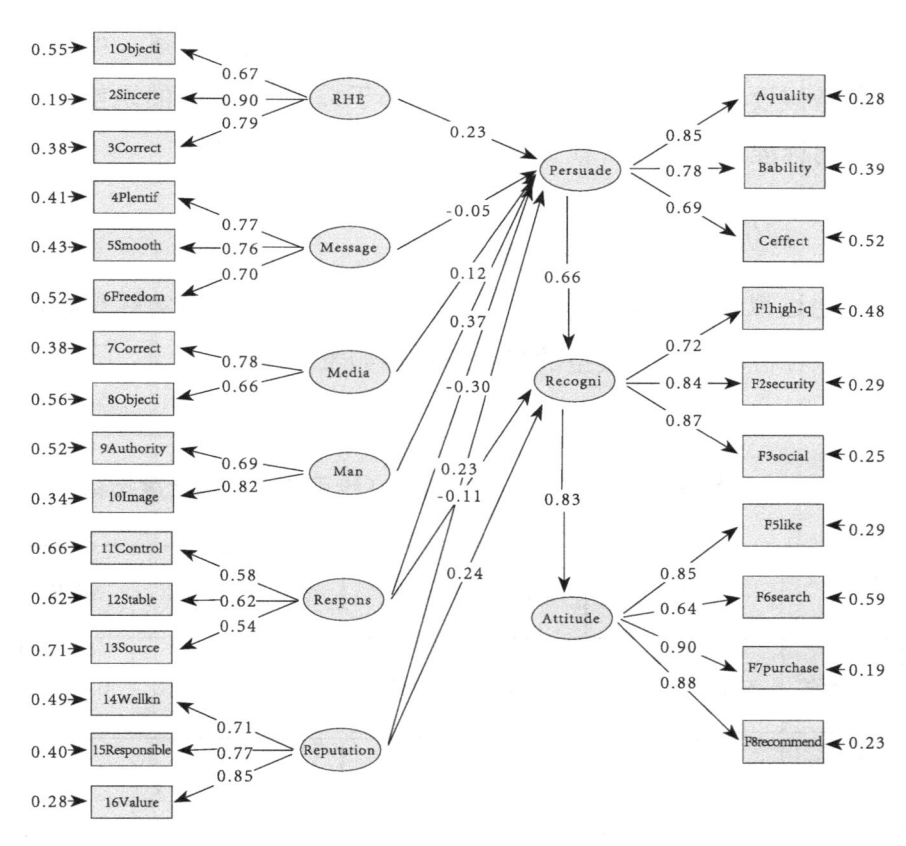

Chi-Square=1371.26, df=274, P-value=0.00000, RMSEA=0.068

图19 品牌危机传播效果的影响模型路径图（修正前）

1. 对模型进行"违犯估计"的检查

在评价模型拟合度前,必须先对模型进行"违犯估计"的检查,即判断模型所估计参数是否超出可接受范围。参考Hair等(1998)的定义,"违犯估计"的项目有:①负的误差值的存在;②标准化系数超过或太接近1(通常以0.95为界);③有太大的标准误差。

通过对程序所执行出来的模型参数估计值进行考察,可以发现各条假设路径的影响标准化系数均小于1.0,且无负的误差值和太大的标准误差存在,模型没有"违犯估计"的问题。

2. 评价模型

通过拟合指数的数值,可以分析一个假设模型与实际观察数据的拟合情况。统合模型的拟合度指标如表24所示。

表24　品牌危机传播效果的影响模型(修正前)的拟合度指标

拟合度指标	χ^2/df	RMSEA	GFI	AGFI	RMR	SRMR
拟合值	1371.26/274	0.068	0.89	0.86	0.12	0.058
拟合度指标	NFI	NNFI	CFI	PNFI	PGFI	CN
拟合值	0.96	0.96	0.97	0.81	0.70	243.78

以下对拟合情况进行详细的分析：本测量模型χ^2（274）=1371.26（P=0.000），卡方值较大且t值显著，说明理论模型与观测到的数据之间存在较大差异。然而，由于卡方值与样本数关系很大，本模型样本数达到870个，属于较大样本模型，所以累积的卡方值会较大。另外，本模型需要估计的参数有73个，自由度达到274，表示影响假设模型的因素较多，因此造成理论模型与观测数据差异的可能性也越大。本模型卡方自由比χ^2/df=5.0，侯杰泰等（2003）认为χ^2/df在2.0到5.0之间可以接受模型。综上，应该综合其他拟合指标进行考虑。

在整体拟合度方面，RMSEA为0.068，接近好模型的0.06门槛。GFI与AGFI均接近0.90，拟合值尚可。SRMR为0.058，表示非常理想的拟合度。在比较拟合度方面，NFI与NNFI大于0.90、CFI大于0.95才可以视为具有理想的拟合度（Hu, Bentler, 1999），本模型均达到此标准。在简效拟合度方面，PNFI与PGFI均大于0.50，达到标准值。CN为243.78，达到标准值。综上，本统合模型的所有拟合指标均达到基本标准，有些指标达到较理想的标准，模型的拟合情况较为良好。

进一步观察模型中路径的t值，危机传播资讯力对危机事件说服力的影响路径t值为-0.62，小于2的要求值，其他自由参数的t值均超过2。侯杰泰等（2004）认为，如果一个自由参数对应的t值小于2，则认为该自由参数不显著，可以从模型中剔除，然后重新拟合模型。模型中的最大MI（27.59）位于"资讯力→品牌态度"的路径上。因此，考虑在修正模型中删除"资讯力→危机事件说服力"这条路径，增加"资讯力→品牌态度"这条路径。

3. 模型修正

本研究通过对t值和MI值的观察，首先删除了初始模型中的"资讯力→危机事件说服力"这条路径，增加了"资讯力→品牌态度"这条路径，重新拟合的模型如图20所示。

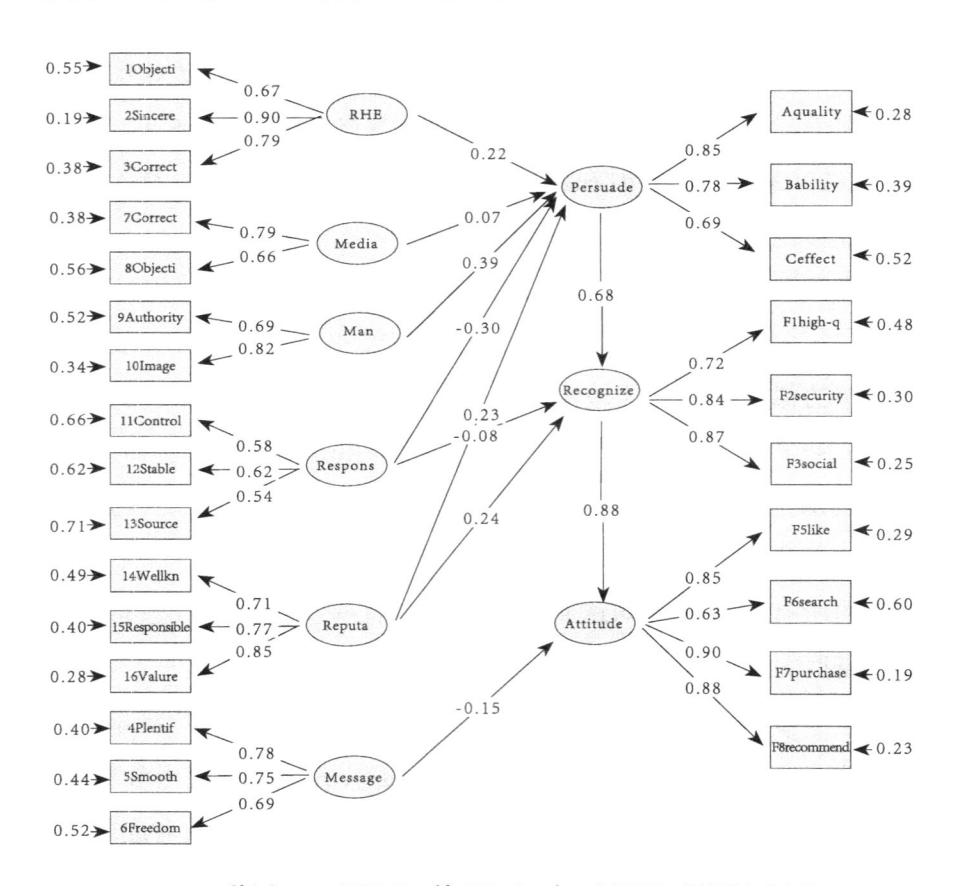

Chi-Square=1305.13，df=274，P-value=0.00000，RMSEA=0.066

图20　品牌危机传播效果的影响模型路径图（修正后）

4. 修正模型的拟合度评价

修正后的结构模型中没有任何一条路径有MI值,说明路径不需要进一步修正。修正模型的χ^2(274)=1305.13 ($P<0.0001$),卡方值比修正前小66.13。如表25所示,整体拟合度方面,RMSEA为0.066,GFI为0.90,AGFI为0.87,SRMR为0.058;比较拟合度方面,NFI为0.96,NNFI为0.97,CFI为0.97;简效拟合度方面:PNFI为0.81,PGFI为0.70,CN为249.81。从以上数据可以看出,修正模型的比较拟合度和简效拟合度都达到了标准值,仅有整体拟合度的AGFI值(标准为>0.90)接近但没有完全达到标准值。综上,修正后的模型拟合情况较为良好。

表25 品牌危机传播效果的影响模型(修正后)的拟合度指标

拟合度指标	χ^2/df	RMSEA	GFI	AGFI	RMR	SRMR
拟合值	1305.13/274	0.066	0.90	0.87	0.11	0.058
拟合度指标	NFI	NNFI	CFI	PNFI	PGFI	CN
拟合值	0.96	0.97	0.97	0.81	0.70	249.81

此外,根据主理论模型的拟合结果,得出模型内生潜在变量的解释方差量(R^2)分别为危机事件说服力(0.61)、品牌认知

(0.72)、品牌态度（0.70）。冯臻（2010）综合了其他学者关于多元回归的研究建议：R^2如果在0.67以上，表示为较高水平；如果在0.33到0.67之间，表示在中等水平；如果在0.33以下但在0.15以上，表示尚可接受。由此可见，本研究的测量模型具有较佳的预测能力，结构模型的理论建构较为合理。

5. 修正模型的信效度评价

修正后模型的各项信效度检验指标如表26所示。

表26 品牌危机传播效果的影响模型的信效度指标

潜在变量	观察变量	MLE 的估计参数			
		λ	R^2	ρ_c	ρ_v
危机传播修辞力				0.83	0.62
	1. 客观描述	0.67	0.45		
	2. 真诚沟通	0.90	0.81		
	3. 承诺修正	0.79	0.62		
危机传播资讯力				0.78	0.55
	4. 信息充分	0.78	0.60		
	5. 渠道通畅	0.75	0.56		
	6. 角度多元	0.69	0.48		
媒体公信力				0.69	0.53

续表

潜在变量	观察变量	MLE 的估计参数			
		λ	R^2	ρ_c	ρ_v
	7. 报道准确	0.79	0.62		
	8. 报道客观	0.66	0.44		
发言人可信度				0.73	0.57
	9. 发言人权威	0.69	0.48		
	10. 发言人形象好	0.82	0.66		
品牌危机责任归因				0.60	0.34
	11. 品牌控制力	0.58	0.34		
	12. 危机稳定性	0.62	0.38		
	13. 危机的起源地	0.54	0.29		
品牌声誉				0.82	0.60
	14. 品牌认知（危机前）	0.71	0.51		
	15. 品牌责任感（危机前）	0.77	0.60		
	16. 品牌价值（危机前）	0.85	0.72		
危机事件说服力				0.82	0.60

续表

潜在变量	观察变量	MLE 的估计参数			
		λ	R^2	ρc	ρv
	A 事件中展现出来的品质	0.85	0.72		
	B 事件中展现出来的能力	0.78	0.61		
	C 事件的影响力	0.69	0.48		
品牌认知				0.85	0.66
	F1 品牌产品质量好（危机后）	0.72	0.52		
	F2 品牌安全（危机后）	0.84	0.70		
	F3 品牌有社会责任感（危机后）	0.87	0.75		
品牌态度				0.89	0.67
	F5 喜欢品牌（危机后）	0.85	0.71		
	F6 主动了解品牌信息（危机后）	0.63	0.40		
	F7 购买品牌（危机后）	0.90	0.81		
	F8 推荐品牌（危机后）	0.88	0.77		

注：所有系数均达到0.05的统计显著性。

首先，检验信度指标，观察组成各潜在变量的测量变量的R^2值，所有测量变量的R^2值都大于0.20的标准值，其中只有品牌危机责任归因这一潜在变量的三个测量变量R^2值偏低（分别为0.34、0.38、0.29），其他八个潜在变量的测量变量信度良好。其次，观察因素载荷、组合信度、平均方差萃取量以评估量表收敛效度。除了品牌危机责任归因的测量量表的λ值均低于0.71的理想值（分别为0.58、0.62、0.54），其他八个测量量表的λ值均接近或超过0.71的理想值。本模型九个潜在变量的ρ_c值均接近或超过0.60的建议值。本模型除了品牌危机责任归因这个潜在变量的ρ_v值为0.34，小于0.50的建议值，其他八个潜在变量的ρ_v值均大于0.50。由于品牌危机责任归因这个潜在变量的ρ_c值为0.60，且与之对应的测量变量的λ均为显著，因此采纳Fornell和Larcker（1981）的观点，"即使超过50%的方差贡献来自测量误差，单独以建构信度为基础时，仍可以认为收敛效度是适当的"。综上，本模型的测量量表信度及收敛效度均良好。

6. 模型影响路径分析

路径分析（Path analysis）是一种将观察变量间的关系以模型化的方式进行分析的统计技术，用以解释变量之间的影响关系。在SEM中，路径分析的首要步骤是建立一个有待检验的路径模型，此模型必须满足回归分析的所有假设，例如变量属于可量化的连续变量、误差项为正态且独立等（邱皓政，2009）。本模型已经经过数据资料的检验，符合进行路径分析的条件。

要检验本模型中所建立的变量影响关系是否受到数据资料的

支持，LISREL软件输出了Beta、Gamma等结构参数，用以分析内生变量被外源变量解释的总效应、直接效应及间接效应。具体数据如表27所示。

首先，可以根据修正模型所显示的整体结构模型路径系数的参数值以及显著性来检验变量之间的关系是否成立。在影响危机事件说服力的路径方面：危机传播修辞力会直接影响危机事件的说服力，且影响非常显著（$\gamma=0.22$，$t=4.15$）；媒体公信力直接影响危机事件的说服力，但影响在0.05的水平上并不显著（$\gamma=0.07$，$t=1.01$）；发言人可信度直接影响危机事件的说服力，且影响非常显著（$\gamma=0.39$，$t=4.67$）；品牌危机责任归因与危机事件说服力存在显著的直接负相关（$\gamma=-0.30$，$t=-6.79$）；危机前的品牌声誉会直接影响危机事件的说服力，且影响非常显著（$\gamma=0.23$，$t=6.16$）。因此假设H1、H3、H4、H5、H6都获得数据支持。在影响品牌认知的路径方面：品牌危机责任归因与危机后的品牌认知存在直接负相关，且这种影响较为显著（$\gamma=-0.08$，$t=-2.58$）；危机前的品牌声誉直接影响危机后的品牌认知，且影响非常显著（$\gamma=0.24$，$t=7.12$）；危机事件说服力直接影响危机后的品牌认知，且影响非常显著（$\gamma=0.68$，$t=16.06$）。所以假设H7、H8、H9获得数据支持。危机后的品牌认知影响品牌态度，且影响非常显著（$\gamma=0.88$，$t=20.68$），假设H10获得数据支持。其中，假设H2"品牌危机传播的资讯力强，危机事件的说服力强"未获得数据支持（$\gamma=-0.05$，$t=-1.52$），经过路径修正后，"危机传播资讯力影响危机后的品牌态度，且两者之间存在负相关"获得数据支持。

表27 品牌危机传播效果的影响模型的路径分析

外源变量		因变量（内生变量）					
		危机事件说服力		品牌认知		品牌态度	
		标准化效应 γ	t值	标准化效应 γ	t值	标准化效应 γ	t值
危机传播修辞力	直接效应	0.22	4.15***				
	间接效应			0.15	4.06***	0.13	4.06***
	总效应	0.22	4.15***	0.15	4.06***	0.13	4.06***
危机传播资讯力	直接效应					-0.15	-5.43***
	间接效应						
	总效应					-0.15	-5.43***
媒体公信力	直接效应	0.07	1.01				
	间接效应			0.047	1.00	0.041	1.00
	总效应	0.07	1.01	0.047	1.00	0.041	1.00
发言人可信度	直接效应	0.39	4.67***				
	间接效应			0.26	4.55***	0.23	4.55***
	总效应	0.39	4.67***	0.26	4.55***	0.23	4.55***

▷ 品牌危机传播效果的影响模型研究

续表

外源变量		因变量（内生变量）					
		危机事件说服力		品牌认知		品牌态度	
		标准化效应 γ	t 值	标准化效应 γ	t 值	标准化效应 γ	t 值
品牌危机责任归因	直接效应	−0.30	−6.79***	−0.08	−2.58**		
	间接效应			−0.20	−6.41***	−0.25	−7.15***
	总效应	−0.30	−6.79***	−0.28	−7.10***	−0.25	−7.15***
品牌声誉	直接效应	0.23	6.16***	0.24	7.12***		
	间接效应			0.16	5.76***	0.35	10.47***
	总效应	0.23	6.16***	0.40	10.43***	0.35	10.47***
危机事件说服力	直接效应			0.68	16.06***		
	间接效应					0.60	16.02***
	总效应			0.68	16.06***	0.60	16.02***
品牌认知	直接效应					0.88	20.68***
	间接效应						
	总效应					0.88	20.68***

注：t 值大于 1.96 时，$P<0.05$；P 值大于 2.58 时，$P<0.01$；t 值大于 3.29 时，$P<0.001$，（γ=−0.15，t=−5.43 修正后的数据）。

根据结构模型的路径系数，还可以分别计算变量之间的直接影响效果、间接影响效果及总影响效果。间接效果表示两变量之间的影响效果是受到其他变量的中介影响；而总影响效果为直接影响效果和通过中介变量的间接影响效果的总加。

综合上述结果，模型中的影响路径主要包括七条：

（1）危机传播修辞力→危机事件说服力→品牌认知→品牌态度：危机传播修辞力正面影响危机事件说服力，对危机后的品牌认知和品牌态度有间接的正面影响。

（2）危机传播资讯力→品牌态度：危机传播资讯力对危机后的品牌态度有负面影响。

（3）媒体公信力→危机事件说服力→品牌认知→品牌态度：危机传播中的媒体公信力正面影响危机事件说服力，对危机后的品牌认知和品牌态度有间接的正面影响。

（4）发言人可信度→危机事件说服力→品牌认知→品牌态度：危机传播中的发言人可信度正面影响危机事件说服力，对品牌认知和品牌态度有间接的正面影响。

（5）品牌危机责任归因→危机事件说服力→品牌认知→品牌态度：品牌危机责任归因负面影响危机事件说服力和危机后的品牌认知，对危机后的品牌态度有间接的负面影响。

（6）品牌声誉→危机事件说服力→品牌认知→品牌态度：危机前的品牌声誉正面影响危机事件说服力和危机后的品牌认知，对危机后的品牌态度有间接的正面影响。

（7）危机事件说服力→品牌认知→品牌态度：危机事件说服力对危机后的品牌认知有直接的正面影响，对危机后的品牌态度有间接的正面影响。

路径分析的数据显示，在影响危机事件说服力的各个因素中，发言人可信度的影响最显著，即发言人越可信，危机事件越有说服力。其后依次为品牌危机责任归因、品牌声誉、危机传播修辞力、媒体公信力。品牌危机责任归因越小、危机前的品牌声誉越好、危机传播修辞力越高、媒体公信力越强，危机事件越有说服力。在影响危机后的品牌认知的路径中，危机事件说服力是最重要的直接影响因素，先显著地直接影响危机后的品牌认知，然后间接影响品牌态度。此外，危机前的品牌声誉也会直接影响危机后的品牌认知，即危机前品牌声誉越高，不管危机事件的说服力如何，危机后的品牌认知都越正面。品牌危机责任归因也会直接影响危机后的品牌认知，不管危机事件的说服力如何，品牌危机责任归因越大，危机后的品牌认知越负面。

在原来的假设中，危机传播资讯力影响危机事件说服力，但此假设未获得数据支持。修正模型后显示，危机传播资讯力并未影响危机事件说服力，而是影响危机后的品牌态度，且这种影响是负面的。

第五章

研究结论与未来建议

前一章运用结构方程（SEM）对问卷调查的数据进行分析，验证了影响模型中的绝大部分路径关系。本章根据主模型的数据分析结果，对模型中各影响因素及路径进行综合讨论，进而针对品牌危机传播策略实践提出相关管理建议，最后总结本研究的贡献和不足并提出后续研究建议。

第五章　研究结论与未来建议

第一节　模型中各因素及影响路径的探讨

危机后进行应对与处理是非常重要的,是实现危机由"危险"向"机遇"转折的关键所在。危机处理的首要任务是传播,只有选择适当的危机传播策略,才能达到良好的传播效果。然而影响危机传播效果的因素究竟有哪些以及如何影响,这个基本机制的问题一直未能得到有效地解决。本书以此为研究的出发点,提出了品牌危机传播效果的影响模型,并运用结构方程的高级统计方法进行模型的验证,最后结合以往文献中的研究结果,对模型中各影响因素及路径进行综合探讨。

一、危机传播修辞力的影响

危机发生后,品牌的第一要务就是通过传播行为与消费者沟通,挽回受损的形象。因此,危机传播层面的各个因素对传播效果的影响是比较直接的。而在传播层面的各个因素中,修辞的影响又是显而易见的。危机发生后，企业"说什么"是媒体与公众关注的焦点，而从ELM的理论观点来看，"说什么"无疑是中央线路，对拥有高信息加工动机和能力的公众影响最大。纵观以往的文献，已有的研究中并没有忽略修辞的重要性，相反，对修辞的研究颇有成果，形象修复理论与情境反应理论在危机传播领域声名远播，修辞作为一种取向与公关取向并重。然而，修辞对危机传播的影响效果未见系统的研究，仅有一些学者选取零散的修辞策略进行验证。例如，Griffin和Babin（1991）曾经通过实验法证明，修正策略比否认策略会让消费者拥有更正面的态度与更强的购买意愿。又如，Siomkos（1989）发现，在修辞上对责任的否认和召回说明中表现出的不情愿都将对公司声誉产生负面影响。

本研究认为，仅仅是选取某几个修辞策略进行效果的对比意义不大，无法针对实践中如何运用修辞达到良好传播效果提供建议。库姆斯（Coombs）的情境反应理论虽然在实践中得到多次运用，但此理论的出发点是针对不同情境采用不同修辞策略，未能提出一般性通则。事实上，通过对实际发生的品牌危机事件进行观察，大到产品质量事故，小到谣言，只要上升到满城风雨的危机事件，企业出来回应，都必须描述事件、解释事件、对造成的困扰或伤害表达歉意，这些都是危机传播中的修辞（或称为言说）行为。

因此，借由以上思考，本研究提出一个全新概念称为"危机传播修辞力"，即消费者对危机传播信息内容的修辞恰当性的认知与评价，并在建构危机传播效果的影响模型时把它作为第一个影响因素。研究结果表明，危机传播修辞力确实是一个重要的影响因素，它会直接正面影响危机事件的说服力（γ=0.22），并间接正面影响到危机后的品牌认知与品牌态度。

本研究尝试开发并验证了危机传播修辞力的测量量表，发现危机传播修辞力包括客观描述、真诚沟通、承诺修正三个维度。在这三个维度中，真诚沟通是最重要的维度（λ=0.90），超过了承诺修正（λ=0.79）与客观描述（λ=0.67）。真诚沟通包括企业为造成的伤害或损失道歉、出面解释公众或媒体的质疑、沟通时态度诚恳、提出补偿造成的伤害或损失。相比企业是否客观地描述了事件发生的起因与经过，以及今后要如何改善自身的行为，企业在危机发生后对外修辞上的配合度和诚恳度无疑更会影响到消费者对事件的评价。

二、危机传播资讯力的影响

危机传播领域的公关取向研究认为，对外沟通良好的组织在危机事件发生时所承受的损害，会比对外沟通不良的组织来得轻微（Marra，1992；Fearn-Banks，2001）。因此危机发生后，要想取得良好的传播效果，重点是明确如何传播资讯与公众形成良好沟通，包括传播及时的资讯、传播准确的资讯等。

因此，在实践领域借由这样的理论观点指导，一般的危机公关策略包括快速传播、充分传播、主动传播。本研究在建构模型时，把这个取向的策略相关因素命名为"危机传播资讯力"，即消费者对危机传播信息内容的资讯影响力的认知与评价，并假设它会影响危机事件说服力。

然而，原以为约定俗成的一个影响路径关系，并没有在模型检验中得到验证。与预期假设不符，危机传播资讯力并没有直接影响到危机事件说服力，它直接影响危机后的品牌态度（γ=-0.15），且与品牌态度之间呈现负相关的关系。这样的影响关系说明，当危机发生后，品牌并不是传播越充分、便捷、多元的信息越好，反而可能因为传播的资讯力越强，形成越强烈的负面印象，从而引发越负面的品牌态度。

之所以得到这样的结果，本研究认为媒体环境的改变是很重要的制约因素。在传统的媒体环境下，消费者对品牌危机事件的了解来自报纸、电视等大众传媒，媒体记者与编辑作为事件信息的把关人，严格把守信息流向社会的大门。最终，消费者接触到的危机事件资讯是经过这些把关人加工的，信息在新闻采访的基础上编辑而成，具有一定的可信度与说服力。在这样的前提条件下，品牌传播的信息越丰富，呈现的角度越多元，获取渠道越便捷，相比那些如"驼鸟"般的传播行为，必能获得更强的危机事件说服力。

然而，网络及新媒体的出现打破了这一现象。一旦某个品牌发生危机，信息就像开了闸门的洪水一样，经由各种传播渠道疯狂地涌向社会。更为致命的是，此时传统媒体中的"把关人"已经不存在了，网络社区的发帖者、博客的作者都是信源。在这样的舆论失控状态下，强大的资讯力不一定能带来强大的说服力。消费者已经无力客观地评价这些资讯，反而因为接触到太丰富多元的资讯，对危机事件留下深刻强烈的负面印象。

三、危机传播信源可信度的影响

关于危机传播信源可信度对危机事件说服力的影响，得到了数据的支撑。本研究模型提出，危机传播信源可信度主要包括新闻发言人可信度与媒体公信力两大因素。研究结果表明，它们都是正面影响危机事件说服力的因素。这个结论与以往的研究结论一致。例如，Griffin和Babin（1991）曾经证明报道来源的可信度会影响消费者的态度。又如，Jolly和Mowen（1985）发现在提及产品召回时，政府的新闻稿比公司的广告、印刷媒体比声音媒体具有更高的可信度，从而拥有更正面的消费者态度。

然而，信源可信度的两大因素对危机事件说服力有不同的影响。发言人可信度影响危机事件说服力的路径系数非常高（$\gamma=0.39$），成为本研究模型中最重要的影响因素。相反，同样作为信源，媒体公信力影响危机事件说服力的路径系数很低（$\gamma=0.07$），甚至在0.05的水平上并不显著。这一研究结果亦有点出乎研究者的意料。

仔细观察媒体公信力的测量量表，不难发现，造成这一结果的原因与上文提及的"危机传播资讯力的影响"中的有些类似。虽然媒体作为信源影响消费者对危机的认知，但是由于网络及新媒体的出现，消费者接触到的媒体太多，获取的媒体信息过于纷杂，他们已没有能力辨识信息的真实性和消息来源的可靠性，所以媒体公信力的影响大打折扣。与之相比较，危机发生后新闻发言人是非常重要的权威信息发出者。首先，新闻发言人代表的是企业，其传播信息的真实性十分明确。他传播的信息就是企业的说法，他的态度就是企业的态度。其次，企业在选择新闻发言人时，一般会选择企业管理层人士或权威人士，本身就具有一定的可信度。因此，同样作为信源，发言人可信度对于危机事件说服力的影响远比媒体公信力的大。

四、品牌层面两大因素的影响

危机前的品牌声誉与品牌危机责任归因对危机传播效果的影响在已有的研究中进行探讨较多。危机前的品牌声誉可谓被研究得最多的一个影响因素（Siomkos, Malliaris, 1992; Siomkos et al., 1994; Dawar, Pillutla, 2000; Siomkos, Rao, Narayanan, 2001; Lyon, Cameron, 2004; Rhee, Haunschild, 2006），然而研究结论并不一致，有的证实是正面影响消费者态度与品牌资产的变量，有的证实是负面影响的变量。

出现这样相反的结论，原因在于消费者的心理在其中起着调节变量的作用。对于危机前就拥有较高声誉的品牌，消费者心理预期较高，认为高声誉的品牌更不应该出现产品质量或管理问题，因此对品牌认知与态度的影响更负面。而另一种观点认为，消费者的认知会有一种惯性作用，品牌声誉高意味的是高管理水平、高产品质量，因此即使发生危机事件，这个品牌也应该处理得更好。

本研究模型在品牌声誉影响危机事件说服力路径没有引入调节变量，仅验证主效应。研究结果表明，危机前的品牌声誉是非常重要的影响因素，它不仅直接正面影响危机事件说服力（γ=0.23），而且直接正面影响危机后的品牌认知（γ=0.24）。危机前就具有良好声誉的品牌，无论危机传播行为如何，危机事件都会更有说服力，危机后的品牌认知也会更加正面。这与公关实践中一直秉持的维护品牌声誉的重要性十分吻合，与Lyon和Cameron（2004）证明的"良好的企业声誉会让消费者在危机后产生更好的态度与更强的购买意愿"一致。品牌声誉包括认知、社会责任感和品牌价值三个维度，其中品牌价值（λ=0.85）超过认知（λ=0.77）和社会责任感（λ=0.71），成为最重要的构成维度。

品牌危机责任归因并非危机的事实归因，而是消费者对品牌危机责任的心理归因。毕竟，品牌危机传播效果属于心理层面的认知与态度，消费者并没有那么多的动机与能力去认识责任的事实归因，而是凭借心理上对品牌危机的一种认识进行责任归因。品牌危机责任归因被认为是决定消费者在危机中反应的关键要素（Folkes，1984，1988），相关的研究也比较多（Nickell，1981；Griffin，Babin，1991；Coombs，1995，1996，2001；Laczniak，2001；Klein，Dawar，2004）。然而它的作用机理在已有的文献梳理中体现得并不清晰。

本研究模型证明，品牌危机责任归因对危机事件说服力（γ=-0.30）和危机后的品牌认知（γ=-0.08）有直接的负面影响，对危机后的品牌态度有间接的负面影响。即，当消费者认为品牌应该对危机负更多责任时，危机事件就更没有说服力，危机后的品牌认知与品牌态度也就越负面。此结论与Griffin和Babin（1991）的实验研究结论一致：公司在危机事件中的外部责任相比内部责任，会引发消费者更正面的态度和更强的购买意愿。品牌危机责任归因包括控制力、稳定性和起源地三个构成维度，这个结论与之前Coombs等（1999）对其他危机类型的责任归因维度的观点一致。

五、危机传播效果层级的探讨

在建构危机传播效果层级方面，以往的研究大部分关注消费者认知与态度、品牌资产与市场表现。然而，王志良（2010）通过对大量的相关文献研究后提出，消费者态度和品牌资产等营销变量属于效果中的结果变量，在危机处理对这些变量的影响过程中可能存在着中介变量的作用，对中介变量的忽视可能是已有研究未能全面深刻地揭示危机处理作用机制的原因之一。危机传播事实是一种劝服传播，组织希望通过运用良好的传播策略来劝服消费者，从而减少危机对品牌的伤害，引导形成较正面的品牌态度。这个说服效果并不直接导致消费者品牌认知与态度的变化，其中应该存在一个中介变量。本研究提出将中介变量赋以一个全新概念称为"危机事件说服力"，主要指消费者对品牌处理危机事件的能力以及在处理危机事件时体现出来的品质的认知与评价。

本模型证明，危机事件说服力作为一个中介变量，受到传播层面与品牌层面诸多因素的影响，并进一步影响消费者对品牌的认知与态度。危机传播的第二个效果层级是品牌认知，它是认知层面的品牌危机传播效果，受到中介变量"危机事件说服力"的影响（$\gamma=0.68$），并直接影响危机事件后的品牌态度

（γ=0.88）。传播层面的因素不会直接影响到危机事件后的品牌认知，如危机传播修辞力、媒体公信力、发言人可信度等因素，均通过危机事件说服力这个中介变量来影响品牌认知。品牌层面的危机前品牌声誉（γ=0.24）、品牌危机责任归因（γ=-0.08）两个因素都会直接影响到危机事件后的品牌认知。

危机传播的第三个效果层级是品牌态度，它包括情感层面的"喜欢品牌"这个因素，也包括行为意向层面的"购买品牌""推荐品牌"两个因素，是品牌危机传播作用于消费者心理的终极层面。大部分的传播层面因素及品牌层面因素都是通过危机事件说服力这个中介变量影响危机后的品牌认知及态度，仅有危机传播资讯力这一传播层面的变量直接影响品牌态度，且与品牌态度呈现负相关关系。

六、统合模型的探讨

根据主理论模型的拟合结果，得出模型内生潜在变量的解释方差量（R^2）分别为危机事件说服力（0.61）、品牌认知（0.72）、品牌态度（0.70）。学者关于多元回归的研究认为，R^2如果在0.67以上，表示在较高水平；如果在0.33至0.67之间，表示在中等水平（冯臻，2010）。由此可见，本研究的测量模型具有较佳的预测能力，结构模型的理论建构较为合理。尤其是危机事件说服力（R^2=0.61），作为本研究首次提出的一个中介变量，其存在的合理性得到了数据支持。

本研究提出的主模型中包括传播层面和品牌层面诸多影响

▷ 品牌危机传播效果的影响模型研究

因素，然而在梳理文献的过程中研究者们发现，事实上还存在第三个层面的影响因素，即消费者层面。一些研究者探讨品牌忠诚（Stockmyer，1996）、消费者预期（Dawar，Pillutla，2000）的影响，还有一些研究者从消费者的人口统计特征变量如年龄（Laufer，Silvera，Meyer，2005）、性别（Laufer，Gillespe，2004）进行探讨。这类影响因素一般不作为主要影响变量，而是作为调节变量，影响着其中的某些路径。例如，消费者个人卷入度可能作为传播层面诸因素影响危机事件说服力路径的调节变量。当个人卷入度高时，消费者的信息加工能力与动机也较高，因此危机传播修辞力的影响比信源可信度的影响更大。由于研究精力有限，此部分的因素不纳入本研究进行探讨。

根据影响因素及路径的梳理，本研究证明的模型可以整理成框架图如图21。

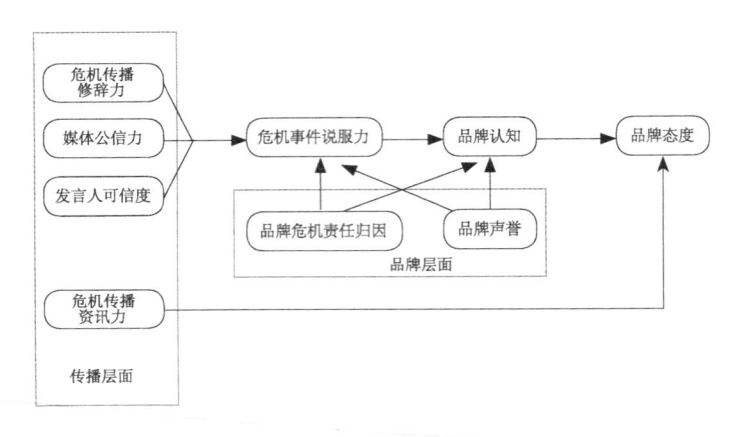

图21 影响品牌危机传播效果的层面及因素框架图

第五章　研究结论与未来建议

第二节　品牌危机传播策略的实践启示

在危机传播实践领域已经形成了一些广泛应用的传播策略，然而很多策略只是一些学者的个人观点，或者是分析某些个案得出的结论，并未经过成熟的理论推理或严密的资料数据实证。基于影响模型中已经证明的因素与路径，结合危机传播的实践内容，本研究提出以下品牌危机传播策略的管理建议：

第一，危机传播中运用的修辞至关重要，无论是何种类型的危机，都必须做到客观描述、真诚沟通、承诺修正。

危机事件发生后，企业应对事件做出及时的回应，不管是纯属谣言，或者完全不是企业的责任所在。Weinberger（1986）研究发现，危机事件发生后，企业采取积极回应措施会比不回应更容易挽回消费者的心。这个观点越来越被实践领域认同并执行。然而，重点在于应该如何回应。

班尼特（Benoit）的危机传播研究贡献了具体的形象修复策略，Coombs的一系列研究最终提出了更加具有情境针对性的反应策略。这些研究结论为实践界提供了很好的应对指南。本研究从另一个视角出发，论证了修辞策略应用的一般思路。无论是何种类型的品牌危机，都要做到在危机发生之后客观地向公众进行描述，包括介绍事件发生的经过、经过调查后公布事件起因、如有造成伤害或损失要对外公布真实情况、向公众及时报告事件的进展情况。在沟通时态度诚恳，主动解释公众或媒体的质疑，为造成的伤害或损失道歉。在事件调查清楚以后，向公众表示要改正不当行为，提出进一步整改的具体措施，表示今后要避免类似事件发生。

第二，危机传播并非资讯越充分越好，资讯对危机事件的说服力并无直接的正面影响，资讯越丰富，品牌态度反而有可能越负面。

著名的危机沟通"3T原则"中，有一个原则是"充分沟通"，即主张危机发生后，组织应该向外界充分沟通事件的信息。然而这种沟通应该有一个"度"的。研究模型表明，危机传播的资讯力包括信息充分、渠道通畅和角度多元。如果危机发生后，组织向媒体和公众传播充分的信息，让关于危机事件的报道充斥版面，公众可以很方便地通过媒体了解事件信息，可以看到各方说法，未必是一件好事。事实上，较强的危机传播资讯力并不能带来正面的事件说服力，反而会带来更加负面的品牌态度。因此，在危机发生后，企业应该有选择、有重点地传播危机的相关信息，特别要做好媒体议题的建构，让危机后的舆论不失控，以企业为主导，传播信息。

第三，媒体与新闻发言人作为危机传播中的信源，对危机事件说服力的影响是明确的：越有公信力的媒体与越有可信度的发言人，传播效果越好。

研究模型证明，在传播层面和品牌层面的所有因素中，危机新闻发言人的可信度对危机事件说服力的影响最大。品牌危机发生后，媒体的报道及网络的消息众说纷纭，甚至存在着相互矛盾的说法。此时，公众特别希望得到来自品牌最真实最准确的消息。新闻发言人是代表品牌发布信息的人，其一举一动都会影响消费者对危机事件的认知。新闻发言人的形象成为最重要的影响因素，所选择的危机新闻发言人应该看上去是个可靠的人，在发言时态度真诚，对媒体的态度友好，有问有答。发言人要选择公司较知名的人，在公司的职位较高，对事件非常了解，才能拥有更强的说服力。

危机发生后选择具有公信力的媒体作为事件消息的主要报道者，传播效果会更好。然而相比新闻发言人，媒体公信力对危机事件说服力的影响小很多。毕竟，在危机发生后媒体蜂拥而上，不同媒体站在不同的立场报道事件，形成的媒体声音并不是清晰且一致的。企业虽然选择具有公信力的媒体发布新闻稿，但由于新闻稿会被大量的其他媒体及网站转载，很难发出权威、准确、统一的声音形成较强的危机事件说服力来影响消费者。

第四，危机前的品牌声誉对危机事件的说服力和危机后的品牌态度都有影响，声誉越高的品牌，危机事件越容易有说服力，品牌态度越正面，因而平时的品牌维护非常重要。

品牌声誉对危机反应与传播效果的影响反复被国外学者在实验中加以验证，由此可见其重要性。在危机之前拥有良好声誉的品牌，相比声誉较差的品牌，即使拥有同样的危机传播行为，也能达到更好的传播效果。

此研究结论对国内的品牌是很重要的启示。一个品牌想要长久发展，需要特别重视日常的品牌声誉维护。具有良好声誉的品牌，通常代表着更高的产品质量，顾客往往有更强的购买倾向，更可能忠诚于它。维护良好的品牌声誉，首先要保持产品品质稳定。不管什么身份、什么时间，如果消费者都能获得良好品质的产品或服务，那么良好的品牌声誉就会逐渐地传播出去。反之，如果消费者偶尔体验到劣质的产品或服务，那么负面的口碑也会很快传开。其次，要让消费者在任何品牌接触点上都感到满意。一旦出现对品牌的负面评价，应该及时妥善地处理。大部分威胁品牌健康的负面评价只能称其为风险，它对品牌的影响是潜在的、偶然的，其破坏性累积到一定程度才会影响到品牌的健康发展。只要处理得当，注重日常品牌声誉的精心维护，那么风险就失去了转化成危机的机会。

第五，品牌危机责任归因是影响危机事件说服力与危机后的品牌态度的重要因素，品牌危机责任归因越大，危机事件说服力越弱，品牌态度越负面，但这种归因并非事实归因，而是消费者心理层面的认知归因。

国内外大量的案例已经表明，并不是危机事件越严重，危机事件就越没有说服力，品牌态度就越负面。危机中企业责任的事实归因与消费者对其的心理归因是两个不同的概念。归因是人们对一个特殊事件发生的因果性体察或原因的感知（Weiner，1985），消费者会运用认知对危机事件进行心理上的归因，并在判断后产生品牌是否应对事件负责任的思考。

　　研究模型证明，品牌危机责任归因越大，危机事件说服力越弱，品牌认知与态度越负面。这种归因当然与危机的真实情况有关，但同时也可以通过正确的应对处理与传播策略的选择影响消费者的认知。在危机的肇始阶段，消费者面临危机情境并产生感知时，他们的情感和态度并不会立即发生转变，他们初步的认知归因也相对不稳定（王志良，2010）。此时，企业如果能够及时做出反应，选择正确的传播策略，例如真诚沟通、报告事件的进展过程、对造成的损失或伤害道歉、承诺进一步修正行为，无疑会有效地影响消费者的认知，减弱其对危机责任的心理归因。

▷ 品牌危机传播效果的影响模型研究

第三节 研究的贡献

面对品牌危机越来越频繁、影响范围越来越广泛、传播速度越来越快、造成的危害越来越恶劣这样不争的现实，作为品牌管理者，如何在危机发生后进行有效的传播活动，尽量减少危机对品牌资产和形象的伤害，已经成为实践领域非常迫切且一直在探索的问题。要解决这一问题，首要的任务无疑是厘清影响品牌危机传播效果的因素包括哪些，这些因素的影响路径及相互作用的过程与方式如何，危机传播的效果包括哪些层级，最终形成怎样的作用机制。

本研究最重要的贡献在于第一次综合运用实证研究的方法与结构方程的技术工具，明确了影响品牌危机传播效果的传播层面和品牌层面的六大因素，梳理了各因素对危机事件说服力、品牌认知、品牌态度等效果的三个层级的影响路径，建构并验证了品牌危机传播效果的影响模型。具体如下：

1. 明确了两个影响层面及各自的因素构成、效果的三个层级及各自的因素构成

已有的文献虽然对这一问题有进行研究,但研究结果零乱分散,有的从品牌层面的若干因素进行研究,有的从传播层面的若干因素进行研究,尚无统一明确的结论,更缺乏整合各层面因素的整体模型。本研究系统地分析了影响品牌危机传播效果的因素分属于传播、品牌、消费者三大层面,明确了传播层面包含危机传播修辞力、危机传播资讯力、媒体公信力和发言人可信度四个因素,品牌层面包括品牌声誉和品牌危机责任归因两大因素。在危机传播效果层级方面,本研究第一次提出一个十分重要的中介变量,可称之为"危机事件说服力"。品牌的危机传播行为并不直接影响品牌认知与态度,而是先形成危机事件的说服力,进而影响品牌认知与态度。

2. 建构并验证了"品牌危机传播效果的影响模型"

本研究通过SEM中的路径分析,明确了各因素之间的影响关系,并根据影响路径建构了品牌危机传播效果的影响模型。危机传播领域大部分的研究属于定性研究,且很多研究都是利用典型个案的分析得出结论,未能进一步利用数据验证结论。本研究则采用问卷调查法,收集来自消费者的第一手数据。结构方程模型是一门基于统计分析技术的研究方法学,涵盖了因素分析和回归分析,可用来处理复杂的多变量数据的分析,在心理学、社会学、营销学等社会科学领域运用越来越广泛。本研究在文献分析的基础上提出相关假设与模型,利用实证方法收集资料数据,采

用结构方程模型（SEM）工具进行模型拟合验证，这在国内危机传播领域是研究方法与工具的初次尝试。

3. 提出危机传播修辞力是影响传播效果的重要因素，且尝试开发了修辞力的测量量表

班尼特的形象修复理论与库姆斯的情境理论都明确了危机传播中修辞的重要性。然而，已有的研究重视策略选择的角度，认为针对不同的危机事件应该采用不同的修辞，缺乏从理论角度对危机修辞进行规律性的探索。本研究第一次提出"修辞力"这个概念，指消费者对品牌危机传播信息内容的修辞恰当性的认知与评价。不管面对什么类型的危机，作为品牌管理者都希望通过危机传播行为，让消费者对传播中的修辞有良好的认知与评价，即形成较强的修辞力。修辞力包括客观描述、真诚沟通、承诺修正三大构成要素，可以通过九个题项进行测量。

4. 明确了危机传播资讯力与危机事件说服力、品牌态度等因素的影响关系，尝试开发了资讯力的测量量表

在危机传播实践领域，著名的"3T原则"得到广泛的认同与运用。"3T原则"的含义是在发生危机后，要做到迅速传播、主动传播、传播尽可能丰富的信息。本研究在梳理影响品牌危机传播效果的因素时，就提出了与实践领域相对应的"资讯力"，指消费者对品牌危机传播信息内容的资讯影响力的认知与评价。探索性因子分析证明，资讯力包括信息丰富、渠道通畅、角度多元三个构成要素。然而，SEM研究结果证明，危机传播资讯力并

没有如预期对危机事件说服力造成正面的直接影响，也就是说越丰富、通畅、多元的信息内容并不一定会让危机事件更具有说服力。相反，危机传播资讯力对品牌态度有直接且负面的影响，即在危机事件发生后，关于事件的传播资讯越有影响力，反而可能造成越负面的品牌态度。

第四节　研究的不足

由于研究条件的限制及研究者学识能力的欠缺，本研究依然存在着一些不足。以下从资料的收集、运用的统计方法等方面进行探讨。

1. 调查方面

本研究建构模型的数据主要来自调查，然而对调查法的使用存在一定的局限性。第一个较大的局限在于调查样本的代表性。虽然调查的对象并没有仅仅局限于大学生(57.9%)，有一半来自社会样本（42.1%），但由于调查条件的限制，调查地区局限于厦门市，且调查方式为店面拦截，未能根据科学的随机抽样选出不同人口统计特征、分布广泛的有代表性的调查对象。第二个局限在于危机事件的代表性。由于危机的发生往往非常突然，经过一段较短时间的集中传播之后在媒体上慢慢消失，消费者因为媒体接触习惯与事件卷入度的原因可能对危机传播并不关注，或因为时间关系淡忘危机传播的相关信息，无法很好地完成关于某个给定危机的问卷。本研究在设计问卷时，虽然根据对危机事件印象的口头调查结果，选择了丰田踏板门事件、富士康跳楼门事件、王老吉夏枯草事件三个广为人知的危机事件，但由于这三个提及率最高的危机事件已经过去了一段时间，一些被调查者在答卷时印象已经有些模糊，且这三个危机事件并不能代表所有类型的品牌危机，因此调查结果的代表性存在一定的局限。

2. 统计方法方面

本研究模型有三个测量模型采用了模型修正，且在最后的统合模型中亦根据MI值进行了路径的修正。但对于模型修正，特别是修正测量误差之间的相关，存在一些争议。所谓修正测量误差之间的相关，就是将测量误差之间的相关视为合理并纳入假设模型中，是一个具有争议性的做法。变量残差部分的共变，代表研究者可能在模型当中遗漏了某一个或某几个重要的潜在变量的设定，使得不同的测量残差之间仍有共同的影响来源。而此时遗漏的潜在变量可能是另一个具有特定理论意涵的概念，或是方法效应的影响，或是其他变量的干扰，在概念厘清上相当困难（Bagozzi，1983）。因此，邱皓政（2009）建议使用者应谨慎为之，或提出有力的主张后再进行测量残差的修饰。

本研究在危机传播领域尝试使用结构方程（SEM）技术，试图通过对数据的信效度分析、因子分析、路径分析，探索一个品牌危机传播效果的影响模型。邱皓政等（2009）认为，虽然在技术上SEM提供了各种应对方案处理各种问题，但是，深度的文献检阅、扎实的理论内涵与缜密的逻辑推论才是提出假设模型必要的前提条件。要从技术层面追求一个稳定的、具有统计检验力（power）的参数估计程序的路径分析达成真相的发掘，其效果实属有限。根本的解决之道仍是建立适切的理论基础与严谨的假设建构过程，并时时注意统计技术本身的限制与问题（Cliff，1983）。作为研究者在研究的过程中深刻体会到这一点，虽然LISREL软件工具已经非常强大，但要建构并验证出好模型，更重要的是在建构模型前就对此问题进行足够的文献检索阅读，在了解他人研究的基础上用科学的实证研究方法收集到客观数据。

3. 变量测量方面

本研究的中心问题是危机传播效果。所谓效果不仅包括消费者认知与态度等心理层面的效果，还包括品牌资产和市场销售情况的变动等实际层面的效果。然而，本研究仅针对消费者心理层面效果这一层级进行研究。影响危机传播效果的因素包括危机传播修辞力、危机传播资讯力这些因素，本研究中这些概念量表的测量项目都是基于消费者个人心理层面的测量，而受调查者根据主观感受的认知与评价和事实上的传播行为、品牌影响是否一致，有待于进一步检验。例如，本研究在测量"危机传播修辞力"这一影响因素时，是由消费者自我填答的方式回忆并评价在此危机事件中品牌"介绍了事件发生的经过""公布了造成的伤害或损失""为造成的伤害或损失道歉"等修辞行为。事实上，每个品牌在危机发生后确实有相应的修辞传播行为，仅仅根据消费者的回忆来评价这些行为并把评分作为影响分析的数据，是有一定局限性的。

后续研究可以开发更为客观的测量量表,对品牌事实上的危机传播修辞力、危机传播资讯力、危机传播中的媒体公信力、危机传播中的发言人可信度进行客观评价,并将这些评价得分作为影响因素的数据,纳入模型中检验其对效果的影响,可使验证出来的模型更加科学与客观。

第五节　后续研究建议

本研究仅为抛砖引玉，在危机传播效果影响层面尚有许多待解决的问题，建议后续研究进一步完善。

1. 梳理更为完善的品牌危机传播效果的作用机制

本研究第一次采用实证的研究方法与结构方程的研究工具建构与验证危机传播效果的影响模型。后续研究可以进一步搜集资料，针对品牌危机传播效果的作用机制进行研究。例如，危机传播的不同阶段会采用不同的传播策略，对危机传播效果的影响也不同，后续研究可以引进阶段变量，更加完善地探讨不同危机阶段的效果作用机制。消费者层面如个人危机事件卷入度、品牌忠诚度如何作为调节变量影响危机传播效果，也值得纳入整个影响模型进一步探讨。

2. 针对品牌危机传播的典型个案进行实证研究

本研究在提出设想的时候，曾经想搜集一些品牌危机传播的典型个案进行实证研究，通过对个案翔实资料的分析与推理，探索出影响品牌危机传播效果的因素，在此基础上进行模型的建构与验证。然而受限于时间与精力，本研究的理论模型初步构想建立在文献分析上，仅在自主开发的量表题项设置上采用了定性研究作为辅助。毕竟，品牌危机传播是实践性非常强的领域，从已经形成事实资料与数据的典型个案的分析上，更能获取第一手的实证素材，相比运用消费者座谈与调查方法收集到的认知与态度等心理层面的数据，来自实践层面的真实数据可供研究者进一步探索，具有另一种研究价值。

3. 基于网络传播的独特性进行相关研究

相比传统媒体，网络的传播互动性、受众复杂性等特点，给公关实践领域带来了深刻的影响。品牌发生危机之后，关于危机事件的消息通过网络迅速传播，此时的传播行为已经不是由品牌来掌控，而是处于众说纷纭的言论失控状态。在这样的情境下，影响品牌危机传播效果的诸多因素是否仍然是本研究验证的品牌层面、传播层面以及提出但未验证的消费者层面等三大层面，影响路径与模型是否如本研究所建构的，这些都有待于后续进一步研究努力。

参考文献

参考文献

[1] Andsager, J., & Smiley, L. (1998). Evaluating the public information: Shaping news coverage of the silicone implant controversy. Public Relations Review, 24 (2), 183-201.

[2] Andsager, J. L., & Mastin, T. (2003). Racial and regional differences in readers' evaluations of the credibility of political columnists by race and sex. Journalism and Mass Communication Quarterly, 80 (1), 57-73.

[3] Anderson, J. C., &Gerbing, D. W. (1988). Structural Equation Modeling in Practice: A Review and Recommended Two-Step Approach. Psychological Bulletin, 103, 411-23.

[4] Augustine, N. R. (2000). Managing the crisis you tried to prevent. Harvard Business Review on Crisis Management. Boston, MA: Harvard Business School Press.

[5] Bagozzi, R. P., & Yi, Y. (1988). On the Evaluation of Structural Equation Model. Marketing Science, 16(2), 76-94.

[6] Bandalos, D. L., & Finney, S. J. (2001). Item parceling issues in structural equation modeling. Mahwah, NJ:

Lawrence Erlbaum.

[7] Barton, & Leonard. (2001). Cincinnati: Southwestern Publishing Company. Crisis in organizations.

[8] Begg, I. M., Anas, A., & Farinacci, S. (1992). Dissociation of processes in belief: Source recollection, statement familiarity, and the illusion of truth. Journal of Experimental Psychology, 121, 446-458.

[9] Benoit, W. L., Gullifor, P., & Panici, D. A. (1991). President Reagan's defensive discourse on the Iran-Contra affair. Communication Studies, 42, 272-294.

[10] Benoit, W. L., & Brinson, S. L. (1994). AT&T: "An apologies are not enough". Communication Quarterly, 42 (1), 75-88.

[11] Benoit, W. L. (1995). Sears's repair of its auto sevice image: Image restoration discourse in the corporate sector. Communication Studies, 46, 89-109.

[12] Benoit, W. L. (1997). Image repair discourse and crisis communication. Public Relations Review, 23, 177-186.

[13] Benoit, W. L., & McHale, J. P. (1999). Kenneth Starr's image repair discourse viewed in 20/20. Communication Quarterly, 47 (3), 265.

[14] Benoit, W. L., & Brinson, S. L. (1999). Queen Elizabeth's image repair discourse: Insensitive royal or compassionate Queen? Public Relations Review, 25 (2), 145-156.

[15] Benoit, W. L. (2000). Another visit to the theory of image restoration strategies. Communication Quarterly, 48(1), 40-43.

[16] Bentler, P. M., & Wu, E. J. C. (1993). EQS/Windows user's guide. Los Angeles: BMDP Statistical Software.

[17] Berlo, D. K., Lemert, J. B., & Mertz, R. J. (1969). Dimensions for evaluating the acceptability of message sources. Public Opinion Quarterly, 33, 563-576.

[18] Boomsma, A., & Hoogland, J. J. (2001). The robustness of LISREL modeling revisited. In R. Cudeck, S. du Toit, & D. Sörbom (Eds.), Structural equation models: Past, present and future. A Festschrift in honor of Karl Jöreskog (pp. 139-168). Chicago: Scientific Software International.

[19] Bollen, K. A. (1989), Structural Equations with Latent Variables. New York: Wiley Interscience.

[20] Bowonder, B. & Linstone, H. A. (1987). Notes on the Bhopal accident: Risk analysis and multiple perspectives. Technological Forecasting and Social Change, 32(2), 183-202.

[21] Browne, M. W. & Cudeck, R. (1993). Alternative ways of assessing model fit. In K. A. Bollen & J. S. Long(Eds), Testing structural equation models (pp. 136-162). Newbury Park, CA: Sage.

[22] Brownlow, S. (1992). Seeing is believing: Facial appearance, credibility, and attitude change. Journal

of Nonverbal Behavior, 16, 101-115.

[23] Burnett, J. J. (1998). A strategic approach to managing crises. Public Relations Review, 24(4), 475-488.

[24] Burns, J. P., & Bruner, M. S. (2000). Revisiting the theory of image restoration strategies. Communication Quarterly, 48(1), 27-39.

[25] Cameron, K. (1980). Critical Questions in Assessing Organizational Effectiveness. Organizational Dynamics, Autumn.

[26] Carmines, E. G., & McIver, J. P. (1981). Unidimensional scalling. London: Sage publications.

[27] Cheah E. T., & Chan W. L. (2007). The Corporate Social Responsibility of Pharmaceutical Product Recalls: An Empirical Examination of U. S. and U. K. Markets. Journal of Business Ethics, 76, 427 - 449.

[28] Cliff, N. (1983). Some cautions concerning the application of causal modeling methods. Multivariate Behavioral Research, 18, 115-126.

[29] Coombs, W. T. (1995). Choosing the right words: The development of guidelines for the selection of "appropriate" crisis-response strategies. Management Communication Quarterly, 8 (4), 447-476.

[30] Coombs, W. T. (1996). Communication and attributions in a crisis: An experimental study in crisis communication. Journal of Public Relations Research, 8 (4), 279-295.

[31] Coombs, W. T. (1998). An analytic framework for crisis situations: Better responses from a better understanding of the situation. Journal of Public Relations Research, 10（2）, 177–191.

[32] Coombs, W. T. (1999). Information and compassion in crisis responses: A test of their effects. Journal of Public Relations Research, 11(2), 125–142.

[33] Coombs, W. T., & Schmidt, L. (2000). An empirical analysis of image restoration: Texaco's racism crisis. Journal of Public Relations Research, 12(2), 163–178.

[34] Coombs, W. T., & Holladay S. J. (2001). An extended examination of the crisis situations: A fusion of the relational management and symbolic approaches. Journal of Public Relations Research, 13（4）, 321–340.

[35] Coombs, W. T., & Holladay, S. J. (2002). Helping crisis managers protect reputational assets. Management Communication Quarterly, 16（2）, 165.

[36] Coombs, W. T., & Holladay, S. J. (2006). Unpacking the halo effect: Reputation and crisis management. Journal of Communication Management, 10（2）, 123.

[37] Coombs, W. T. (2007). Protecting Organization Reputations During a Crisis: The Development and Application of Situational Crisis Communication Theory. Corporate Reputation Review, 10, 163–176.

[38] Coombs, W. T. (2007). The negative communication dynamic:

Exploring the impact of stakeholder affect on behavioral intentions. Journal of Communication Management, 11 (4), 300-312.

[39] Cooper, M.M. (1997). Working with senior management in a crisis. Public Relations Tactics, 4 (3), 12.

[40] Davidson III W N., & D.L.Worrell(1992). The effect of product recall announcements on shareholder wealth. Strategic Management Journal, 13(6), 467-473.

[41] Dawar N. (1998). Product-harm crises and the signaling ability of brands. International Studies of Management & Organization, 28(3), 109.

[42] Dawar, N., & Pillutla, M.M. (2000). Impact of product-harm crises on brand equity: The moderating role of consumer expectations. Journal of Marketing Research, 37(2), 215-226.

[43] Davis S. (1999). Be real, and be prepared, when the crisis hits. Brandweek, 40.

[44] Dozier, D.M., Grunig, L.A., & Grunig, J.E. (1995). Manager's guide to excellence in public relations and communication management. Hillsdale, NJ: Lauwrence Erlbaum Associates.

[45] Duhe, S.F., & Zoch, L.M. (1994). A case study-Framing the media's agenda during a crisis. Public Relations Quarterly, 39 (4), 42-45.

[46] Erdem, T., & Swait, J. (1998). Brand Equity as a Signaling

Phenomenon. Journal of Consumer Psychology, 7(2), 131–157.

[47] Falkheimer J., & Heide M. (2006). Multicultural Crisis Communication: Towards a Social Constructionist Perspective. Journal of Contingencies and Crisis Management, 14(4), 180.

[48] Farquhar P. (2003). Editorial: Uncovering brand gremlins and other hidden perils. Journal of Brand Management, 10, 388.

[49] Fearn-Banks, K. (2001). Crisis communications: A review of some best practices. In R. L. Heath (Ed.), Handbook of Public Relations. London, 479–486.

[50] Folkes, V. S. (1984). Consumer Reactions to Product Failure: An Attributional Approach. Journal of Consumer Research, 10(4), 398–409.

[51] Folkes, V. S. (1988). The Availability Heuristic and Perceived Risk. Journal of Consumer Research, 15(1), 13–23.

[52] Fornell, Claes., & David F Larcker. (1981). Evaluating Structural Equation Models with Unobservable Variables and Measurement Error. Journal of Marketing Research, 18(1), 39–50.

[53] Fortunato, J. A. (2000). Public relations strategies for creating mass media content: A case study of the National Basketball Association. Public Relations Review, 26(4), 481–497.

[54] Frombrun, C., & Shanley, M. (1990). What's in a Name? Reputation Building and Corporate Strategy. The Academy of Management Journal.

[55] M. Griffin, B. K. Babin, & J. S. Attaway (1991). An empirical investigation of the impact of negative public publicity on consumer attitudes and intentions. Advances in consumer research, 18(1), 334-341.

[56] Grunig, J. E., & Hunt, T. (1984). Managing Public Relations. New York: CBS College Publishing.

[57] Grunig, J. E., & Grunig L. A. (1992). Models of public relations and communication. In J. E. Grunig (Ed.), Excellence in Public Relations and Communication Management (pp. 285-326). Hillsdale, NJ: Lawrence Erlbaum Associates.

[58] Grunig, J. E. (2000). Collectivism, collaboration, and societal corporatism as core professional values in public relations. Journal of Public Relations Research, 12 (1), 23-48.

[59] Guth, D. W. (1995). Organizational crisis experiences and public relations roles. Public Relations Review, 21 (2), 123-136.

[60] Hair, J. F. Jr., Anderson, R. E., Tatham R. L., & Black, W. C. (1998). Multivariate Data Analysis (5th), Prentice Hall International: UK.

[61] Hair, J. F. Jr., Black, W. C., Babin, B. J., Anderson,

R. E., & Tatham, R. L. (2006), Multivariate Data Analysis(6th Ed). Upper Saddle River, NJ: Prentice-Hall.

[62] Hartman R. S. (1987). Product quality and market efficiency: The effect of product recalls on resale prices and firm valuation. Review of economics & statistics, 69(2), 367.

[63] Hearit, K.M. (1994). Apologies and Public Relations Crises at Chrysler, Toshiba, and Volvo. Public Relations Review, 20 (2), 113-125.

[64] Hearit, K.M. (1996). The use of counter-attack in apologetic public relations crises: The case of General Motors vs. Dateline NBC. Public Relations Review, 22, 233-248.

[65] Heath, R.L. (1992). The wrangle in the marketplace: A rhetorical perspective of public relations. Rhetorical and Critical Approaches to Public Relations(pp. 17-36). Hillsdale, NJ: Lauwrence Erlbaum Associates.

[66] Heath, R.L. (1994). Management of corporate communication: From interpersonal contacts to external affairs. Hillsdale, NJ: Lawrence Erlbaum.

[67] Heath, R.L. (1997). Strategic Issues Management:Organizations and Public Policy Challenges. CA: Sage.

[68] Heath, R.L. (2000). A rhetorical perspective on the values of public relations: Crossroads and pathways toward

concurrence. Journal of Public Relations Research, 12 (1), 69-92.

[69] Heath, R. L. (2001). A rhetorical enactment rationale for public relations: The good organization communicating well. In R. L. Heath(Ed.), Handbook of Public Relations (pp. 31-50). London: Sage.

[70] Heerde, H. J., Helsen, K., & Dekimpe, M. G. (2005). Managing product-harm crises. ERIM Report Series Refernce.

[71] Hoelter, D. R. (1983). The Analysis of Covariance Structures: Goodness-of-fit Indices. Sociological Methods and Research, 11, 325-44.

[72] Hu, L. T., & Bentler, P. M. (1999). Cutoff Criteria for Fit Indexes in Covariance. Structural Equation Modeling, 6(1), 1-55.

[73] Huang, Y. H. (2008). Trust and Relational Commitment in Corporate Crises: The Effects of Crisis Communicative Strategy and Form of Crisis Response. Journal of Public Relations Research, 20 (3), 297-327.

[74] Hunter, M. L. (2007). Beyond Control: Crisis Strategies and Stakeholder Media in the Danone Boycott of 2001. Corporate Reputation Review, 11 (4), 335-350.

[75] James, L. R., Mulaik, S. A., & Brett, J. M. (1982). Causal analysis: Assumptions, models, and data. Beverly Hills, CA: Sage.

[76] Jap, S. D., & Ganesan, S. (2000). Control Mechanisms

and the relationship life cycle: Implications for safeguarding specific investments and developing commitment. Journal of Marketing Research, 37(May), 227-245.

[77] Jolly D. W., &J. C. Mowen (1985). Product recall communications: The effects of source, media, and social responsibility information. Advances in consumer research, 12(1), 471-475.

[78] Kabak, I. W., & Siomkos, G. J. (1990). How Can an Industrial Crisis Be Managed Effectively? Industrial Engineering, 32(6), 18-21.

[79] Keller, K. L. (1993). Conceptualizing, Measuring, and Managing Customer - Based Brand Equity. Journal of Marketing, 57, 1-22.

[80] Kernisky, D. A. (1997). Proactive crisis management and ethical discourse: Dow chemical's issues management bulletins 1979-1990. Journal of Business Ethics, 16(3), 843-853.

[81] Kim, Y., Kim, F., Park, F., & Choi, Y. (1999). Evaluating media exposure: Applying advertising methods to publicity measurement. Corporate Communications: An International Journal, 4(3), 136-144.

[82] Klein, J., & Dawar, N(2004). Corporate Social Responsibility and Consumers' Attributions and Brand Evaluations in a Product-harm Crisis. International Journal of Research in Marketing, 21, 203-217.

[83] Kline, R. B. (1998). Principles and practice of structural

equation modeling. New York: Guilford Press.

[84] Kumar N., & Tavassoli N. (2006). Dell should listen-product recalls can be good, Financial Times. London(UK), 13.

[85] Laczniak R. N., T. E. DeCarlo, & S. N. Ramaswami (2001). Consumers' responses to negative word-of-mouth communication: An attribution theory perspective. Journal of Consumer Psychology, 11(1), 57-73.

[86] Laufer, D., & Gillespie, K. (2004). Differences in consumer attributions of blame between men and women: The role of perceived vulnerability and empathic concern. Psychology and Marketing, 21(2), 141-157.

[87] Laufer, D., Silvera, D. H., & Meyer, T. (2005). Exploring differences between older and younger consumers in attributions of blame for product harm crises. Academy of Marketing Science Review, 7.

[88] Lerbinger, O. (1997), The crisis manager: Facing risk and responsibility. Mahwah, NJ: Lawrence Erlbaum Associates.

[89] Lyon L., & G. T. Cameron (2004). A relational approach examining the interplay of prior reputation and immediate response to a crisis. Journal of Public Relations Research, 16(3), 213-241.

[90] Marra, F. J. (1992). Crisis Public relations: A theoretical model. Unpublished doctoral dissertation. University of Maryland, College Park, MD.

[91] Marra, F. J. (1998). Crisis communication plans: Poor predictors of excellent crisis public relations. Public Relations Review, 24, 4, 461-474.

[92] McAuley, E., Duncan, T. E., & Russell, D. W. (1992). Measuring causal attributions: The revised causal dimension scale (CDSII). Personality and Social Psychology Bulletin, 18, 566-573.

[93] McCroskey, J. C. (1966). Scales for the measurement of ethos. Speech Monographs, 33, 65-72.

[94] McCroskey, J. C., & Jensen, T. A. (1975). Image of mass media news sources. Journal of Broadcasting, 19, 169-180.

[95] McCroskey, J. C. & Sidelinger, R. J. (1997). Communication correlates of teacher clarity in the college classroom. Communication Research Reports, 14(1), 1-10.

[96] Mcdonald, R. P., & Ho, M. R. (2002). Principles and practice in reporting structural equation analyses. Psychological Methods, 7, 64-82.

[97] Meyer, P. (1988). Defining and measuring credibility of newspapers: Developing an index. Journalism Quarterly, 65(3), 567-574, 588.

[98] Mitroff, I. I. & Pauchant, T. C. (1990). We're So Big and Powerful Nothing Bad Can Happen To Us. Financial Times, 79(46), 29.

[99] Mitroff, I. I., Mason, R. O., & Pearson, C. M. (1994).

Radical Surgery: What Will Tomorrow's Organizations Look Like? Academy of Management Perspectives, 8(2), 11-21.

[100] Mitroff, I.I. (2001). Crisis Leadership. Executive Excellence, 18(8), 19.

[101] Mizerski, R.W. (1982). An attribution explanation of the disproportionate influence of unfavorable information. Journal of Consumer Research, 9(3).

[101] Morgan, R., & Hunt, S. (1994). The commitment-trust theory of relationship marketing. Journal of Marketing, 58 (July), 20-38.

[102] Ogrizek, M., & Guillery, J. (1999). Communicating in A Crisis. New York: Aldine de Gruyter.

[103] Ohl, C.M., Pincus, J.D., Rimmer, T., & Harrison, D. (1995). Agenda building role of news releases in corporate takeovers. Public Relations Review, 21(2), 89-101.

[104] Pauchant, T.C., & Mitroff, I.I. (1992). Transforming the crisis-prone organization. San Francisco, CA: Jossey-Bass Publishers.

[105] Pearson, C.M., & Clair, J.A. (1998). Reframing Crisis Management. Academy of Management Review, 23(1), 59-76.

[106] Pines, W.L. (2000). Myths of crisis management. Public Relations Quarterly, 45(3), 15-17.

[107] Puchan, H. (2001). The Mercedes-Benz A-class crisis.

Corporate Communications: An International Journal, 6(1), 42-46.

[108] Ray, S. J. (1999). Strategic Communication in Crisis Management: Lessons from the Airline Industry. Westport, CT: Quorum Books. 19-20.

[109] Regester, M., & Larkin, J. (2002). Risk Issues and Crisis Management: A Casebook of Best Practice(2nd Ed.). London: Kogan Page Ltd.

[110] Rhee M., & P. R. Haunschild(2006). The liability of good reputation: A study of product recalls in the U.S. automobile industry. Organization Science, 17(1), 101-117.

[111] Richins, M. L. (1983). Negative word-of-mouth by dissatisfied consumers: A pilot study. Journal of Marketing, 47(1), 68-78.

[112] Schlesinger, P. (1990). Rethinking the sociology of journalism: Source strategies and the limits of media centrism. In M. Ferguson(Ed.), Public Communication & the News Imperatives. London: Sage.

[113] Sellnow, T. L., Ulmer, R. R., & Snider, M. (1998). The compatibility of corrective action in organizational crisis communication. Communication Quarterly, 46 (1), 60.

[114] Sherrell, D. L., & Reidenbach. (1986). A consumer responses framework for negative publicity: Suggestions for responses strategies.

[115] Shrivastava, P., & Mitroff, I. I. (1987). Strategic management of corporate crises . Columbia Journal of World Business, 22 (3), 5-11.

[116] Srivastava, R. K., et al. (1999). Marketing, Business Processes, and Shareholder Value: An Organizationally Embedded View of Marketing Activities and the Discipline of Marketing. Journal of Marketing, 63(special issue), 168-179.

[117] Siomkos G. J. (1989). Managing product-harm crises. Industrial crisis quarterly, 3(1).

[118] Siomkos G. J., &P. G. Malliaris (1992). Consumer response to company communications during a product harm crisis. Journal of Applied Business research, 8(4), 7.

[119] Siomkos G. J., & G. Kurzbard(1994). The hidden crisis in product-harm crisis management. European Journal of Marketing, 28(2), 30-41.

[120] Siomkos, G. J. (1999). On achieving exoneration after a product safety industrial crisis. Journal of Business & Industrial Marketing, 14 (1), 17-29.

[121] Siomkos, G. J., Rao, S. S. & Narayanan, S. (2001). The Influence of Positive and Negative Affectivity on Attitude Change Toward Organizations. Journal of Business and Psychology, 16(1), 151-161.

[122] Sood, R., Stockdale, G. & Rogers, E. M. (1987).

How the news media operate in natural disasters. Journal of Communication, 37（3）, 27-41.

[123] Statesman, A. (1997). Mattel's response to "Cabbage" attacks. Public Relations Tactics, 4（3）, 1-20.

[124] Stockmyer, J. (1996). Brands in crisis: Consumer help for deserving victims. Advances in consumer research, 23(1), 429-435.

[125] Straub, D. W. (1989). Validating Instruments in MIS Research. MIS Quarterly, 13(2), 147-169.

[126] Sturges, D. L. (1994). Communicating through crisis: A strategy for organizational survival. Management Communication Quarterly, 7（3）297-316.

[127] Tabachnick, B. G., & Fidell, L. S. (2007). Using Multivariate Statistics (5th Ed). Boston, MA: Allyn & Bacon.

[128] Tsang, A. S. L. (2000). Military doctrine in crisis management: Three beverage contamination cases. Business Horizons, 43（5）, 65-73.

[129] Tyler, L. (1997). Liability means never being able to say you're sorry: Corporate guilt, legal constraints, and defensiveness in corporate communication. Management Communication Quarterly, 11（1）, 51-73.

[130] Ulmer R. R., & Sellnow, T. L. (1997). Strategic ambiguity and the ethic of significant choice in the tobacco industry's crisis communication. Communication

Studies, 48（3）,215.

[131] Ulmer, R. R., &Sellnow, T. L. (2000). Consistent questions of ambiguity in organizational crisis communication: Jack in the Box as a case study. Journal of Business Ethics, 25（2）,143.

[132] Van H., Harald J., Helsen, K., & Dekimpe, M. G. (2005). Managing Product-Harm Crises. Working Paper.

[133] Ware, B. L., & Linkugel, W. A. (1973). They spoke in defense of themselves: On the generic criticism of apologia. Quarterly Journal of Speech. 59(3), 273 - 283.

[134] Watson, T. (2007). Reputation and ethical behavior in a crisis: predicting survival. Journal of Communication Management, 11（4）,371-384.

[135] Weinberger, M. G., & Dillon, W. R. (1980). The effects of unfavorable product information. Advances in Consumer Research, 7, 528-532.

[136] Weiner, Bernard. (1985). An attributional theory of achievement motivation and emotion. Psychological Review, 92(4), 548-573.

[137] Wiener, J. L., & Mowen, J. C. (1986). Source credibility: On the independent effects of trust and expertise. Advances in Consumer Research, 13, 306-310.

[138] Weiner, B., Perry, R. P., & Magnusson, J. (1988) An attributional analysis of reactions to stigmas.

Journal of Personality & Social Psychology, 55(5), 738-748.

[139] Williams, D.E., & Treadaway, G. (1992). Exxon and the Valdez accident: A failure in crisis communication. Communication Studies, 43（1）, 56.

[140] Williams, D.E., & Olaniran, B.A. (1998). Expanding the crisis planning function: Introducing elements of risk communication to crisis communication practice. Public Relations Review, 24（3）, 387-400.

[141] Wilson, L.J. (1994). Excellent companies and coalition building among the fortune 500: A value-and-relationship-based theory. Public Relations Review, 20, 333-343.

[142] Yoon, K., Kim, C.H., & Kim, M.-S. (1998). A cross-cultural comparison of the effects of source credibility on attitudes and behavioral intentions. Mass Communication and Society, 1, 153-173.

[143] 冯臻.（2010）.影响企业社会责任行为的路径——基于高层管理者的研究.复旦大学博士论文.

[144] 侯杰泰，温忠麟，成子娟.（2004）.结构方程模型及其运用.教育科学出版社.

[145] 胡百精.（2008）."非典"以来我国危机管理研究的总体回顾与评价——兼论危机管理的核心概念、研究路径和学术范式.国际新闻界，6，12-16.

[146] 黄合水.（2009）.品牌学概论，高等教育出版社，89.
[147] 黄懿慧.（1999）.西方公共关系理论之探讨——90年代理论

典范的竞争与辩论.广告学研究，12，1-37。转引自：吴宜蓁.(2005).危机传播：公共关系与语艺观点的理论与实证.苏州大学出版社，222.

[148] 刘国华.（2008）.基于顾客视角的销售促进对品牌资产的影响研究.复旦大学博士论文.

[149] 李茂能.（2006）.结构方程模式软体Amos之简介及其在测验编制上之应用——Graphics & Basis.心理出版社（台北）.

[150] 邱皓政，林碧芳.（2009）.结构方程模型的原理与应用.中国轻工业出版社.

[151] 荣泰生.（2009）.AMOS与研究方法.重庆大学出版社.

[152] 王志良.（2010）.消费者认知视角下的危机处理研究.上海交通大学出版社.

[153] 吴宜蓁.（2005）.危机传播：公共关系与语艺观点的理论与实证. 苏州大学出版社，7，11，217-221.

[154] 余明阳，刘春章.（2008）.品牌危机管理.武汉大学出版社，52.

[155] 臧国仁，钟蔚文.（1997）.框架概念与公共关系策略——有关运用媒介框架的探析，广告学研究，9，99-130。转引自：吴宜蓁.(2005).危机传播：公共关系与语艺观点的理论与实证，苏州大学出版社，43.

[156] 晁钢令，王志良.（2006）.企业危机处理策略、传递方式与评价问题研究，市场营销导刊，4.

[157] 钟新.（2007）.危机传播：信息流及噪音分析.中国传媒大学出版社，6.

[158] 朱延智.（2000）.危机处理的理论与实务.幼狮文化出版社.

附录

附录A 问卷调查

A.1 关于丰田踏板门事件的调查问卷

问卷编号：　　　　　填写日期：　　　　　调查员编号：

关于丰田踏板门事件的调查问卷

您好！我们是厦门大学新闻传播学院的学生，现在正在进行一项关于品牌危机的调查，需要了解您的一些看法。本问卷不提及姓名，答案无所谓对错，您的回答将根据国家《统计法》予以保密，您可以放心填答。

希望您能将真实的情况和想法提供给我们，十分感谢您的支持与合作。

甄别问题：

1.请问你知道近期的"丰田踏板门事件"吗？

A. 知道　　　　　　　　B. 不知道

如选择"A"请继续作答，选择"B"请停止作答。

2.请问你了解近期的"丰田踏板门事件"吗？

A. 了解

B. 不太了解（请阅读相关事件材料后作答）

一、在踏板门事件发生前,你是如何看待丰田这个品牌的?请在相应的数字上打"√"。

(说明:数字越大表示越同意,1=很不同意,7=很同意)

题项	分值						
1. 丰田是个知名的品牌。	1	2	3	4	5	6	7
2. 我和我身边的人都知道丰田。	1	2	3	4	5	6	7
3. 丰田拥有良好的产品或服务。	1	2	3	4	5	6	7
4. 相比同行业其他品牌,丰田质量较高。	1	2	3	4	5	6	7
5. 丰田平时的所作所为以人为本。	1	2	3	4	5	6	7
6. 丰田热心公益事业。	1	2	3	4	5	6	7
7. 丰田是个值得投资的品牌。	1	2	3	4	5	6	7
8. 丰田具有良好的发展前景。	1	2	3	4	5	6	7
9. 如果有机会,我愿意在丰田公司任职。	1	2	3	4	5	6	7

二、请对丰田踏板门事件的发生做出评价，在相应的数字上打"√"。

（说明：数字越大表示越同意，1=很不同意，7=很同意）

题项	分值						
1. 如果丰田重视，踏板门事件就不会发生。	1	2	3	4	5	6	7
2. 踏板门事件是在丰田有意识的情况下发生的。	1	2	3	4	5	6	7
3. 当刚开始部分丰田车主提出踏板的质量有问题时，丰田没有引起重视。	1	2	3	4	5	6	7
4. 丰田以前发生过类似的危机事件。	1	2	3	4	5	6	7
5. 丰田车经常出现质量问题。	1	2	3	4	5	6	7
6. 这次的踏板门事件是偶然发生的。	1	2	3	4	5	6	7
7. 踏板门事件的发生是丰田内部引起的。	1	2	3	4	5	6	7
8. 踏板门事件的发生没有受到外部因素的影响。	1	2	3	4	5	6	7
9. 如果丰田内部管理不当，还是会发生类似的事件。	1	2	3	4	5	6	7

三、请对丰田踏板门事件的传播行为做出评价，在相应的数字上打"√"。

（说明：数字越大表示越同意，1=很不同意，7=很同意。）

题项	分值
1. 事件发生后，丰田主动介绍了事件发生的经过。	1　2　3　4　5　6　7
2. 丰田主动公布了事件起因。	1　2　3　4　5　6　7
3. 丰田公布了造成的伤害或损失。	1　2　3　4　5　6　7
4. 丰田随时报告事件的进展情况。	1　2　3　4　5　6　7
5. 媒体采访危机事件时，丰田配合媒体采访。	1　2　3　4　5　6　7
6. 丰田为造成的伤害或损失道歉。	1　2　3　4　5　6　7
7. 面对媒体或公众的质疑，丰田站出来解释。	1　2　3　4　5　6　7
8. 丰田在沟通时态度诚恳。	1　2　3　4　5　6　7
9. 丰田提出补偿造成的伤害或损失。	1　2　3　4　5　6　7
10. 丰田表示要改正不当行为。	1　2　3　4　5　6　7
11. 丰田提出进一步整改的具体措施。	1　2　3　4　5　6　7
12. 丰田表示今后要避免类似事件发生。	1　2　3　4　5　6　7

续表

题项	分值						
13. 丰田在发生危机事件后迅速地告知了消费者。	1	2	3	4	5	6	7
14. 在各大媒体上马上可以看到关于此事的报道。	1	2	3	4	5	6	7
15. 我可以很快在网络上看到关于此事的相关信息。	1	2	3	4	5	6	7
16. 我很快就知道丰田要怎么处理这个事件。	1	2	3	4	5	6	7
17. 在报纸上可以看到较多媒体对丰田的采访报道。	1	2	3	4	5	6	7
18. 在网络上各大门户网站都有关于丰田的新闻报道。	1	2	3	4	5	6	7
19. 在新闻报道里可以看到丰田对事件的应对与处理。	1	2	3	4	5	6	7
20. 我可以很方便地找到丰田处理事件的相关信息。	1	2	3	4	5	6	7
21. 在报纸杂志上可以看到对丰田持负面态度的报道。	1	2	3	4	5	6	7
22. 在网络论坛上可以看到对此事件的各种评论帖子。	1	2	3	4	5	6	7
23. 网络上各大论坛可以自由发表我对事件的看法。	1	2	3	4	5	6	7
24. 丰田传播的事件信息较全面，满足我的需求。	1	2	3	4	5	6	7

四、请对丰田踏板门事件的信息来源做出评价，在相应的数字上打"√"。

（说明：数字越大表示越同意，1=很不同意，7=很同意。）

题项	分值
1. 媒体根据掌握的事实进行丰田事件的报道。	1　2　3　4　5　6　7
2. 媒体对丰田事件的报道比较完整。	1　2　3　4　5　6　7
3. 媒体对丰田事件的相关信息报道较一致。	1　2　3　4　5　6　7
4. 媒体的报道里有来自丰田的信息或说法。	1　2　3　4　5　6　7
5. 媒体在报道丰田危机事件时没有偏见。	1　2　3　4　5　6　7
6. 对有争议的问题，媒体能够公正地反映各方观点。	1　2　3　4　5　6　7
7. 媒体对丰田事件的一些焦点问题敢于提出自己的负面看法。	1　2　3　4　5　6　7
8. 媒体在报道丰田事件时考虑消费者的利益。	1　2　3　4　5　6　7
9. 丰田危机发言人在公司的职位较高。	1　2　3　4　5　6　7
10. 丰田危机发言人是公司较知名的人。	1　2　3　4　5　6　7
11. 丰田危机发言人对事件有决定性的影响。	1　2　3　4　5　6　7
12. 丰田危机发言人对事件非常了解。	1　2　3　4　5　6　7
13. 丰田危机发言人是这个领域的专家。	1　2　3　4　5　6　7
14. 丰田危机发言人在发言时态度真诚。	1　2　3　4　5　6　7
15. 丰田危机发言人对媒体的态度友好，有问有答。	1　2　3　4　5　6　7
16. 丰田危机发言人看上去是个可靠的人。	1　2　3　4　5　6　7

五、请对丰田踏板门事件做出评价，在相应的数字上打"√"。

（说明：数字越大表示越同意，1=很不同意，7＝很同意。）

题项	分值
1. 我相信丰田说出了事件的真相。	1　2　3　4　5　6　7
2. 我认为丰田是一个诚实的品牌。	1　2　3　4　5　6　7
3. 我认为丰田在处理事件时为消费者的利益着想。	1　2　3　4　5　6　7
4. 我相信丰田能够采取有力的措施解决踏板门事件。	1　2　3　4　5　6　7
5. 我认为通过丰田采取的有关措施，消费者的损失会得到补偿。	1　2　3　4　5　6　7
6. 我相信丰田所采取的措施能够减少踏板门事件的不良影响。	1　2　3　4　5　6　7
7. 我相信丰田今后不会再发生类似的事件。	1　2　3　4　5　6　7
8. 我相信消费者今后的购买行为不会受到踏板门事件的影响。	1　2　3　4　5　6　7
9. 我相信经过踏板门事件后，丰田的经营不会受到太大的影响。	1　2　3　4　5　6　7

六、踏板门事件发生后，你会如何看待丰田这个品牌？请在相应的数字上打"√"。

（说明：数字越大表示越同意，1=很不同意，7=很同意。）

题项	分值
1. 我认为丰田车的质量还是很好的。	1　2　3　4　5　6　7
2. 我认为开丰田车还是安全的。	1　2　3　4　5　6　7
3. 我认为丰田是个有社会责任感的品牌。	1　2　3　4　5　6　7
4. 我信赖丰田。	1　2　3　4　5　6　7
5. 我喜爱丰田。	1　2　3　4　5　6　7
6. 我会主动了解丰田的相关信息。	1　2　3　4　5　6　7
7. 我愿意购买丰田车。	1　2　3　4　5　6　7
8. 我会推荐丰田车给他人。	1　2　3　4　5　6　7

其他问题：

1. 您的性别：（1）男　　　　（2）女

2. 您的年龄：（1）16～25岁　（2）26～40岁
　　　　　　（3）41～55岁　（4）55岁以上

3. 您的职业：（1）企业白领　（2）事业单位人员
　　　　　　（3）学生　　　（4）其他

4. 您的学历：（1）中学　　　（2）大学
　　　　　　（3）硕士　　　（4）博士

问卷到此结束，再次感谢您的支持与合作！

A.2　关于富士康跳楼门事件的调查问卷

问卷编号：　　　　填写日期：　　　　调查员编号：

关于富士康跳楼门事件的调查问卷

您好！我们是厦门大学新闻传播学院的学生，现在正在进行一项关于品牌危机的调查，需要了解您的一些看法。本问卷不提及姓名，答案无所谓对错，您的回答将根据国家《统计法》予以保密，您可以放心填答。

希望您能将真实的情况和想法提供给我们，十分感谢您的支持与合作。

甄别问题：

1.请问你知道近期的"富士康跳楼门事件"吗？

A.知道　　　　　　　B.不知道

如选择"A"请继续作答，选择"B"请停止作答。

2.请问你了解近期的"富士康跳楼门事件"吗？

A.了解

B.不太了解（请阅读相关事件材料后作答）

一、在跳楼门事件发生前，你是如何看待富士康这个品牌的？请在相应的数字上打"√"。

（说明：数字越大表示越同意，1=很不同意，7＝很同意）

题项	分值						
1. 富士康是个知名的品牌。	1	2	3	4	5	6	7
2. 我和我身边的人都知道富士康。	1	2	3	4	5	6	7
3. 富士康拥有良好的产品或服务。	1	2	3	4	5	6	7
4. 相比同行业其他品牌，富士康质量较高。	1	2	3	4	5	6	7
5. 富士康平时的所作所为以人为本。	1	2	3	4	5	6	7
6. 富士康热心公益事业。	1	2	3	4	5	6	7
7. 富士康是个值得投资的品牌。	1	2	3	4	5	6	7
8. 富士康具有良好的发展前景。	1	2	3	4	5	6	7
9. 如果有机会，我愿意在富士康公司任职。	1	2	3	4	5	6	7

二、请对富士康跳楼门事件的发生做出评价，在相应的数字上打"√"。

（说明：数字越大表示越同意，1=很不同意，7=很同意）

题项	分值
1. 如果富士康重视，跳楼门事件就不会发生。	1　2　3　4　5　6　7
2. 跳楼门事件是在富士康有意识的情况下发生的。	1　2　3　4　5　6　7
3. 当个别员工开始有跳楼行为时，富士康没有引起重视。	1　2　3　4　5　6　7
4. 富士康以前发生过类似的危机事件。	1　2　3　4　5　6　7
5. 富士康经常出现员工方面的问题。	1　2　3　4　5　6　7
6. 这次的跳楼门事件是偶然发生的。	1　2　3　4　5　6　7
7. 跳楼门事件的发生是富士康内部引起的。	1　2　3　4　5　6　7
8. 跳楼门事件的发生没有受到外部因素的影响。	1　2　3　4　5　6　7
9. 如果富士康内部管理不当，还是会发生类似事件。	1　2　3　4　5　6　7

三、请对富士康跳楼门事件的传播行为做出评价,在相应的数字上打"√"。

（说明：数字越大表示越同意，1=很不同意，7=很同意。）

题项	分值						
1. 事件发生后，富士康主动介绍了事件发生的经过。	1	2	3	4	5	6	7
2. 富士康主动公布了事件起因。	1	2	3	4	5	6	7
3. 富士康公布了造成的伤害或损失。	1	2	3	4	5	6	7
4. 富士康随时报告事件的进展情况。	1	2	3	4	5	6	7
5. 媒体采访危机事件时，富士康配合媒体采访。	1	2	3	4	5	6	7
6. 富士康为造成的伤害或损失道歉。	1	2	3	4	5	6	7
7. 面对媒体或公众的质疑，富士康站出来解释。	1	2	3	4	5	6	7
8. 富士康在沟通时态度诚恳。	1	2	3	4	5	6	7
9. 富士康提出补偿造成的伤害或损失。	1	2	3	4	5	6	7
10. 富士康表示要改正不当行为。	1	2	3	4	5	6	7
11. 富士康提出进一步整改的具体措施。	1	2	3	4	5	6	7

续表

题项	分值						
12. 富士康表示今后要避免类似事件发生。	1	2	3	4	5	6	7
13. 富士康在发生危机事件后迅速地告知了消费者。	1	2	3	4	5	6	7
14. 在各大媒体上马上可以看到关于此事的报道。	1	2	3	4	5	6	7
15. 我可以很快在网络上看到关于此事的相关信息。	1	2	3	4	5	6	7
16. 我很快就知道富士康要怎么处理这个事件。	1	2	3	4	5	6	7
17. 在报纸上可以看到较多媒体对富士康的采访报道。	1	2	3	4	5	6	7
18. 在网络上各大门户网站都有关于富士康的新闻报道。	1	2	3	4	5	6	7
19. 在新闻报道里可以看到富士康对事件的应对与处理。	1	2	3	4	5	6	7
20. 我可以很方便地找到富士康处理事件的相关信息。	1	2	3	4	5	6	7
21. 在报纸杂志上可以看到对富士康持负面态度的报道。	1	2	3	4	5	6	7
22. 在网络论坛上可以看到对此事件的各种评论帖子。	1	2	3	4	5	6	7
23. 网络上各大论坛可以自由发表我对事件的看法。	1	2	3	4	5	6	7
24. 富士康传播的事件信息较全面，满足我的需求。	1	2	3	4	5	6	7

四、请对富士康跳楼门事件的信息来源做出评价,在相应的数字上打"√"。

（说明：数字越大表示越同意，1=很不同意，7=很同意。）

题项	分值						
1. 媒体根据掌握的事实进行富士康事件的报道。	1	2	3	4	5	6	7
2. 媒体对富士康事件的报道比较完整。	1	2	3	4	5	6	7
3. 媒体对富士康事件的相关信息报道较一致。	1	2	3	4	5	6	7
4. 媒体的报道里有来自富士康的信息或说法。	1	2	3	4	5	6	7
5. 媒体在报道富士康危机事件时没有偏见。	1	2	3	4	5	6	7
6. 对有争议的问题，媒体能够公正地反映各方观点。	1	2	3	4	5	6	7
7. 媒体对富士康事件的一些焦点问题敢于提出自己的负面看法。	1	2	3	4	5	6	7
8. 媒体在报道富士康事件时考虑消费者的利益。	1	2	3	4	5	6	7

续表

题项	分值						
9. 富士康危机发言人在公司的职位较高。	1	2	3	4	5	6	7
10. 富士康危机发言人是公司较知名的人。	1	2	3	4	5	6	7
11. 富士康危机发言人对事件有决定性的影响。	1	2	3	4	5	6	7
12. 富士康危机发言人对事件非常了解。	1	2	3	4	5	6	7
13. 富士康危机发言人是这个领域的专家。	1	2	3	4	5	6	7
14. 富士康危机发言人在发言时态度真诚。	1	2	3	4	5	6	7
15. 富士康危机发言人对媒体的态度友好，有问有答。	1	2	3	4	5	6	7
16. 富士康危机发言人看上去是个可靠的人。	1	2	3	4	5	6	7

五、请对富士康跳楼门事件做出评价，在相应的数字上打"√"。

（说明：数字越大表示越同意，1=很不同意，7=很同意。）

题项	分值						
1. 我相信富士康说出了事件的真相。	1	2	3	4	5	6	7
2. 我认为富士康是一个诚实的品牌。	1	2	3	4	5	6	7
3. 我认为富士康在处理事件时为员工的利益着想。	1	2	3	4	5	6	7
4. 我相信富士康能够采取有力的措施解决跳楼门事件。	1	2	3	4	5	6	7
5. 我认为通过富士康采取的有关措施，员工的损失会得到补偿。	1	2	3	4	5	6	7
6. 我相信富士康所采取的措施能够减少跳楼门事件的不良影响。	1	2	3	4	5	6	7
7. 我相信富士康今后不会再发生类似的事件。	1	2	3	4	5	6	7
8. 我相信富士康今后的员工招聘不会受到跳楼门事件的影响。	1	2	3	4	5	6	7
9. 我相信经过跳楼门事件后，富士康的经营不会受到太大的影响。	1		3	4	5	6	7

六、跳楼门事件发生后，你会如何看待富士康这个品牌？请在相应的数字上打"√"。

（说明：数字越大表示越同意，1=很不同意，7=很同意。）

题项	分值						
1. 我认为富士康产品的质量还是很好的。	1	2	3	4	5	6	7
2. 我认为在富士康工作还是安全的。	1	2	3	4	5	6	7
3. 我认为富士康是个有社会责任感的品牌。	1	2	3	4	5	6	7
4. 我信赖富士康。	1	2	3	4	5	6	7
5. 我喜爱富士康。	1	2	3	4	5	6	7
6. 我会主动了解富士康的相关信息。	1	2	3	4	5	6	7
7. 我愿意在富士康工作。	1	2	3	4	5	6	7
8. 我会推荐富士康给他人。	1	2	3	4	5	6	7

其他问题：

1. 您的性别： （1）男 （2）女
2. 您的年龄： （1）16～25岁 （2）26～40岁
　　　　　　　（3）41～55岁 （4）55岁以上
3. 您的职业： （1）企业白领 （2）事业单位人员
　　　　　　　（3）学生 （4）其他
4. 您的学历： （1）中学 （2）大学
　　　　　　　（3）硕士 （4）博士

问卷到此结束，再次感谢您的支持与合作！

A.3　关于王老吉夏枯草事件的调查问卷

问卷编号：　　　　　填写日期：　　　　　调查员编号：

关于王老吉夏枯草事件的调查问卷

您好！我们是厦门大学新闻传播学院的学生，现在正在进行一项关于品牌危机的调查，需要了解您的一些看法。本问卷不提及姓名，答案无所谓对错，您的回答将根据国家《统计法》予以保密，您可以放心填答。

希望您能将真实的情况和想法提供给我们，十分感谢您的支持与合作。

甄别问题：

1. 请问你知道"王老吉夏枯草事件"吗？

A. 知道　　　　　　　B. 不知道

如选择"A"请继续作答，选择"B"请停止作答。

2. 请问你了解"王老吉夏枯草事件"吗？

A. 了解

B. 不太了解（请阅读相关事件材料后作答）

一、在夏枯草事件发生前，你是如何看待王老吉这个品牌的？请在相应的数字上打"√"。

（说明：数字越大表示越同意，1=很不同意，7=很同意）

题项	分值							
1. 王老吉是个知名的品牌。	1	2	3	4	5	6	7
2. 我和我身边的人都知道王老吉。	1	2	3	4	5	6	7
3. 王老吉拥有不错的产品。	1	2	3	4	5	6	7
4. 相比同行业其他品牌，王老吉质量较高。	1	2	3	4	5	6	7
5. 王老吉平时的所作所为以人为本。	1	2	3	4	5	6	7
6. 王老吉热心公益事业。	1	2	3	4	5	6	7
7. 王老吉是个值得投资的品牌。	1	2	3	4	5	6	7
8. 王老吉具有良好的发展前景。	1	2	3	4	5	6	7
9. 如果有机会，我愿意在王老吉公司任职。	1	2	3	4	5	6	7

二、请对王老吉夏枯草事件的发生做出评价，在相应的数字上打"√"。

（说明：数字越大表示越同意，1=很不同意，7=很同意）

题项	分值						
1. 如果王老吉重视，夏枯草事件就不会发生。	1	2	3	4	5	6	7
2. 夏枯草事件是在王老吉有意识的情况下发生的。	1	2	3	4	5	6	7
3. 当刚开始个别消费者反映长期喝王老吉伤害身体时，王老吉没有引起重视。	1	2	3	4	5	6	7
4. 王老吉以前发生过类似的危机事件。	1	2	3	4	5	6	7
5. 王老吉经常出现质量问题。	1	2	3	4	5	6	7
6. 这次的夏枯草事件是偶然发生的。	1	2	3	4	5	6	7
7. 夏枯草事件的发生是王老吉内部引起的。	1	2	3	4	5	6	7
8. 夏枯草事件的发生没有受到外部因素的影响。	1	2	3	4	5	6	7
9. 如果王老吉内部管理不当，还是会发生类似事件。	1	2	3	4	5	6	7

三、请对王老吉夏枯草事件的传播行为做出评价，在相应的数字上打"√"。

（说明：数字越大表示越同意，1=很不同意，7=很同意。）

题项	分值						
1. 事件发生后，王老吉主动介绍了事件发生的经过。	1	2	3	4	5	6	7
2. 王老吉主动公布了事件起因。	1	2	3	4	5	6	7
3. 王老吉公布了造成的伤害或损失。	1	2	3	4	5	6	7
4. 王老吉随时报告事件的进展情况。	1	2	3	4	5	6	7
5. 媒体采访危机事件时，王老吉配合媒体采访。	1	2	3	4	5	6	7
6. 王老吉为造成的伤害或损失道歉。	1	2	3	4	5	6	7
7. 面对媒体或公众的质疑，王老吉站出来解释。	1	2	3	4	5	6	7
8. 王老吉在沟通时态度诚恳。	1	2	3	4	5	6	7
9. 王老吉提出补偿造成的伤害或损失。	1	2	3	4	5	6	7
10. 王老吉表示要改正不当行为。	1	2	3	4	5	6	7
11. 王老吉提出进一步整改的具体措施。	1	2	3	4	5	6	7
12. 王老吉表示今后要避免类似事件发生。	1	2	3	4	5	6	7

续表

题项	分值						
13. 王老吉在发生危机事件后迅速地告知了消费者。	1	2	3	4	5	6	7
14. 在各大媒体上马上可以看到关于此事的报道。	1	2	3	4	5	6	7
15. 我可以很快在网络上看到关于此事的相关信息。	1	2	3	4	5	6	7
16. 我很快就知道王老吉要怎么处理这个事件。	1	2	3	4	5	6	7
17. 在报纸上可以看到较多媒体对王老吉的采访报道。	1	2	3	4	5	6	7
18. 在网络上各大门户网站都有关于王老吉的新闻报道。	1	2	3	4	5	6	7
19. 在新闻报道里可以看到王老吉对事件的应对与处理。	1	2	3	4	5	6	7
20. 我可以很方便地找到王老吉处理事件的相关信息。	1	2	3	4	5	6	7
21. 在报纸杂志上可以看到对王老吉持负面态度的报道。	1	2	3	4	5	6	7
22. 在网络论坛上可以看到对此事件的各种评论帖子。	1	2	3	4	5	6	7
23. 网络上各大论坛可以自由发表我对此事件的看法。	1	2	3	4	5	6	7
24. 王老吉传播的事件信息较全面，满足我的需求。	1	2	3	4	5	6	7

四、请对王老吉夏枯草事件的信息来源做出评价，在相应的数字上打"√"。

（说明：数字越大表示越同意，1=很不同意，7=很同意。）

题项	分值						
1. 媒体根据掌握的事实进行王老吉事件的报道。	1	2	3	4	5	6	7
2. 媒体对王老吉事件的报道比较完整。	1	2	3	4	5	6	7
3. 媒体对王老吉事件的相关信息报道较一致。	1	2	3	4	5	6	7
4. 媒体的报道里有来自王老吉的信息或说法。	1	2	3	4	5	6	7
5. 媒体在报道王老吉危机事件时没有偏见。	1	2	3	4	5	6	7
6. 对有争议的问题，媒体能够公正地反映各方观点。	1	2	3	4	5	6	7
7 媒体对王老吉事件的一些焦点问题敢于提出自己的负面看法。	1	2	3	4	5	6	7
8. 媒体在报道王老吉事件时考虑消费者的利益。	1	2	3	4	5	6	7
9. 王老吉危机发言人在公司的职位较高。	1	2	3	4	5	6	7
10. 王老吉危机发言人是公司较知名的人。	1	2	3	4	5	6	7
11. 王老吉危机发言人对事件有决定性的影响。	1	2	3	4	5	6	7
12. 王老吉危机发言人对事件非常了解。	1	2	3	4	5	6	7
13. 王老吉危机发言人是这个领域的专家。	1	2	3	4	5	6	7

续表

题项	分值						
14. 王老吉危机发言人在发言时态度真诚。	1	2	3	4	5	6	7
15. 王老吉危机发言人对媒体的态度友好，有问有答。	1	2	3	4	5	6	7
16. 王老吉危机发言人看上去是个可靠的人。	1	2	3	4	5	6	7

五、请对王老吉夏枯草事件做出评价，在相应的数字上打"√"。

（说明：数字越大表示越同意，1=很不同意，7=很同意。）

题项	分值						
1. 我相信王老吉说出了事件的真相。	1	2	3	4	5	6	7
2. 我认为王老吉是一个诚实的品牌。	1	2	3	4	5	6	7
3. 我认为王老吉在处理事件时为消费者的利益着想。	1	2	3	4	5	6	7
4. 我相信王老吉能够采取有力的措施解决夏枯草事件。	1	2	3	4	5	6	7
5. 我认为通过王老吉采取的有关措施，消费者的损失会得到补偿。	1	2	3	4	5	6	7
6. 我相信王老吉所采取的措施能够减少夏枯草事件的不良影响。	1	2	3	4	5	6	7
7. 我相信王老吉今后不会再发生类似的事件。	1	2	3	4	5	6	7

续表

题项	分值						
8. 我相信消费者今后的购买行为不会受到夏枯草事件的影响。	1	2	3	4	5	6	7
9. 我相信经过夏枯草事件后，王老吉的经营不会受到太大的影响。	1	2	3	4	5	6	7

六、夏枯草事件发生后，你会如何看待王老吉这个品牌？请在相应的数字上打"√"。

（说明：数字越大表示越同意，1=很不同意，7=很同意。）

题项	分值						
1. 我认为王老吉的质量还是很好的。	1	2	3	4	5	6	7
2. 我认为喝王老吉还是安全的。	1	2	3	4	5	6	7
3. 我认为王老吉是个有社会责任感的品牌。	1	2	3	4	5	6	7
4. 我信赖王老吉。	1	2	3	4	5	6	7
5. 我喜爱王老吉。	1	2	3	4	5	6	7
6. 我会主动了解王老吉的相关信息。	1	2	3	4	5	6	7
7. 我愿意购买王老吉。	1	2	3	4	5	6	7
8. 我会推荐王老吉给他人。	1	2	3	4	5	6	7

其他问题：

1. 您的性别：（1）男　　　　（2）女
2. 您的年龄：（1）16～25岁　（2）26～40岁
　　　　　　（3）41～55岁　（4）55岁以上
3. 您的职业：（1）企业白领　（2）事业单位人员
　　　　　　（3）学生　　　（4）其他
4. 您的学历：（1）中学　　　（2）大学
　　　　　　（3）硕士　　　（4）博士

问卷到此结束，再次感谢您的支持与合作！

附录B 数据表格

附表B.1 所有观察变量的正态分布检验表

Variable	Mean	St.Dev.	Skewness	Kurtosis	Chi-Square	P-value
C1proces	3.616	1.570	0.069	-0.411	10.176	0.006
C2cause	3.596	1.587	0.067	-0.419	10.613	0.005
C3damage	3.697	1.520	0.040	-0.336	5.881	0.053
C4progre	3.599	1.534	0.062	-0.374	7.996	0.018
C5interv	3.830	1.537	0.026	-0.338	5.843	0.054
C6apolog	4.236	1.579	-0.031	-0.364	7.046	0.030
C7explai	4.182	1.542	-0.022	-0.337	5.756	0.056
C8earnes	3.999	1.567	-0.012	-0.280	3.634	0.162
C9compen	4.150	1.495	-0.015	-0.290	3.956	0.138
C10corre	4.292	1.477	-0.032	-0.291	4.133	0.127
C11measu	4.268	1.510	-0.032	-0.299	4.401	0.111
C12avoid	4.524	1.522	-0.069	-0.341	6.553	0.038
C13fast	3.693	1.672	0.068	-0.482	15.134	0.001
C14fast2	4.682	1.700	-0.133	-0.568	25.673	0.000
C15fast3	4.885	1.677	-0.204	-0.539	25.835	0.000
C16fast4	3.916	1.620	0.014	-0.433	10.893	0.004
C17plent	4.459	1.643	-0.079	-0.491	16.198	0.000

续表

Variable	Mean	St. Dev.	Skewness	Kurtosis	Chi-Square	P-value
C18inter	4.803	1.648	−0.173	−0.562	26.755	0.000
C19respo	4.248	1.576	−0.041	−0.380	7.956	0.019
C20conve	4.287	1.634	−0.042	−0.422	10.388	0.006
C21negat	4.516	1.431	−0.062	−0.293	4.581	0.101
C22comme	4.946	1.525	−0.175	−0.500	20.438	0.000
C23freed	4.804	1.553	−0.137	−0.461	15.583	0.000
C24compl	4.211	1.531	−0.008	−0.257	2.955	0.228
D1accura	4.414	1.351	−0.042	−0.227	2.441	0.295
D2whole	4.364	1.303	−0.027	−0.171	1.228	0.541
D3consis	4.369	1.327	−0.034	−0.170	1.277	0.528
D4active	4.561	1.319	−0.050	−0.210	2.175	0.337
D5unbias	3.941	1.385	−0.008	−0.138	0.683	0.711
D6reliab	4.176	1.406	−0.016	−0.227	2.223	0.329
D7negati	4.549	1.382	−0.060	−0.246	3.173	0.205
D8well-b	4.304	1.415	−0.031	−0.242	2.678	0.262
D9high-r	4.614	1.369	−0.066	−0.254	3.478	0.176
D10well-	4.486	1.414	−0.055	−0.280	4.059	0.131
D11decid	4.314	1.482	−0.038	−0.304	4.609	0.100
D12under	4.230	1.449	−0.026	−0.267	3.325	0.190
D13exper	4.002	1.468	0.003	−0.274	3.437	0.179

续表

Variable	Mean	St. Dev.	Skewness	Kurtosis	Chi-Square	P-value
D14since	4.212	1.449	-0.021	-0.265	3.241	0.198
D15nice	4.178	1.396	-0.016	-0.212	1.900	0.387
D16relia	3.904	1.515	0.023	-0.338	5.827	0.054
B1if	4.866	1.585	-0.176	-0.564	27.107	0.000
B2consci	4.389	1.426	-0.038	-0.252	3.008	0.222
B3attent	4.825	1.493	-0.134	-0.453	14.847	0.001
B4histor	3.897	1.476	0.011	-0.275	3.477	0.176
B5often	3.727	1.526	0.033	-0.337	5.840	0.054
B6casual	3.324	1.680	0.166	-0.588	29.539	0.000
B7intern	4.285	1.309	-0.013	-0.184	1.359	0.507
B8extern	4.052	1.303	0.052	-0.288	4.279	0.118
B9future	4.957	1.472	-0.159	-0.481	18.108	0.000
A1famous	5.369	1.586	-0.387	-0.677	60.129	0.000
A2know	5.321	1.709	-0.412	-0.672	61.717	0.000
A3good	4.779	1.461	-0.113	-0.398	10.592	0.005
A4qualit	4.675	1.430	-0.082	-0.345	7.045	0.030
A5human	3.941	1.528	0.017	-0.345	6.106	0.047
A6social	3.995	1.630	0.002	-0.456	12.455	0.002
A7invest	4.325	1.508	-0.041	-0.352	6.598	0.037
A8future	4.520	1.526	-0.069	-0.368	7.798	0.020

续表

Variable	Mean	St. Dev.	Skewness	Kurtosis	Chi-Square	P-value
A9work	4.127	1.940	0.014	-0.663	36.982	0.000
E1truth	3.624	1.526	0.071	-0.321	5.787	0.055
E2honest	3.875	1.489	0.015	-0.294	4.095	0.129
E3well-b	3.631	1.485	0.049	-0.330	5.768	0.056
E4abilit	4.096	1.531	-0.010	-0.306	4.510	0.105
E5compen	4.010	1.503	0.003	-0.303	4.372	0.112
E6reduce	4.053	1.513	-0.007	-0.283	3.723	0.155
E7again	3.629	1.547	0.058	-0.381	8.281	0.016
E8influe	3.494	1.585	0.083	-0.418	10.921	0.004
E9influe	3.526	1.594	0.086	-0.441	12.510	0.002
F1high-q	4.431	1.443	-0.047	-0.275	3.766	0.152
F2securi	4.114	1.574	-0.001	-0.389	8.227	0.016
F3social	3.991	1.604	0.010	-0.420	10.048	0.007
F4believ	3.860	1.654	0.027	-0.489	15.155	0.001
F5like	3.645	1.743	0.081	-0.589	26.623	0.000
F6search	3.608	1.749	0.102	-0.610	30.030	0.000
F7purcha	3.747	1.842	0.094	-0.666	38.928	0.000
F8recomm	3.367	1.814	0.182	-0.699	48.691	0.000

附表B.2　危机传播修辞力量表的CITC分析

测量变量	测量变量与总体相关系数	测量变量删除后的Cronbach's alpha
C1 介绍事件发生的经过	0.611	0.907
C2 公布事件的起因	0.665	0.904
C3 公布造成的伤害或损失	0.597	0.907
C4 报告事件的进展情况	0.677	0.903
C6 为造成的伤害或损失道歉	0.711	0.902
C7 出面解释公众或媒体的质疑	0.703	0.902
C8 沟通时态度诚恳	0.725	0.901
C9 提出补偿造成的伤害或损失	0.674	0.904
C10 表示要改正不当行为	0.688	0.903
C11 提出进一步整改的具体措施	0.655	0.904
C12 表示今后要避免类似事件发生	0.583	0.908

附表B.3　危机传播资讯力量表的CITC分析

测量变量	测量变量与总体相关系数	测量变量删除后的Cronbach's alpha
C13 迅速告知消费者（删除）		
C14 在媒体上马上可以看到此事的报道	0.596	0.862
C15 很快可以在网络上看到此事的消息	0.628	0.859
C16 很快知道品牌要怎么处理此事	0.418	0.874
C17 可以看到较多媒体对品牌的采访报道	0.638	0.859
C18 各大门户网站上都有关于此事的报道	0.673	0.856
C19 在报道里可以看到品牌的应对与处理	0.627	0.860
C20 可以很方便找到此事的相关信息	0.630	0.859
C21 可以看到对品牌持负面态度的报道	0.498	0.868
C22 可以看到对此事件的各种评论帖子	0.604	0.861
C23 可以自由发表对此事的看法	0.553	0.865
C24 品牌传播的事件信息较全面充分（删除）		

附表B.4 危机传播中的媒体公信力量表的CITC分析

测量变量	测量变量与总体相关系数	测量变量删除后的Cronbach's alpha
D1 媒体根据事实进行事件的报道	0.598	0.774
D2 媒体对事件的报道比较完整	0.586	0.776
D3 媒体对事件的报道比较一致	0.530	0.784
D4 媒体的报道里有来自品牌的信息或说法	0.472	0.792
D5 媒体在报道事件时没有偏见	0.490	0.790
D6 对有争议的问题媒体能够公正反映各方观点	0.519	0.786
D7 媒体对事件的焦点问题敢于提出自己的负面看法	0.460	0.794
D8 媒体在报道事件时考虑消费者的利益	0.510	0.787

附表B.5　危机传播中的发言人可信度量表的CITC分析

测量变量	测量变量与总体相关系数	测量变量删除后的Cronbach's alpha
D9 发言人在公司的职位较高	0.607	0.854
D10 发言人是公司较知名的人	0.634	0.851
D11 发言人对事件有决定性的影响	0.627	0.852
D13 发言人是这个领域的专家	0.616	0.853
D14 发言人在发言时态度真诚	0.684	0.844
D15 发言人对媒体友好，有问有答	0.705	0.841
D16 发言人看上去是个可靠的人	0.626	0.852

附表B.6 品牌危机责任归因量表的CITC分析

测量变量	测量变量与总体相关系数	测量变量删除后的Cronbach's alpha
B1 如果重视，危机事件就不会发生	0.464	0.733
B2 危机事件是在有意识的情况下发生的	0.420	0.744
B3 当刚开始有负面消息时没有引起重视	0.525	0.721
B4 以前发生过类似的危机事件	0.507	0.724
B5 经常出现质量问题	0.505	0.724
B7 危机事件的发生是内部引起的	0.501	0.727
B8 危机事件的发生没有受到外部影响	0.401	0.758
B9 如果内部管理不当，还是会发生类似事件	0.445	0.736

附表B.7 品牌声誉量表的CITC分析

测量变量	测量变量与总体相关系数	测量变量删除后的Cronbach's alpha
A1 是个知名品牌	0.596	0.889
A2 我和我身边的人都知道它	0.598	0.889
A3 拥有不错的产品	0.718	0.880
A4 相比同行业其他品牌质量较高	0.731	0.879
A5 平时的所作所为以人为本	0.675	0.883
A6 热心公益事业	0.646	0.885
A7 是个值得投资的品牌	0.724	0.879
A8 具有良好的发展前景	0.717	0.880
A9 任职意愿	0.576	0.893

附表B.8　危机事件说服力量表的CITC分析

测量变量	测量变量与总体相关系数	测量变量删除后的Cronbach's alpha
E1 说出了事件的真相	0.682	0.890
E2 是一个诚实的品牌	0.736	0.886
E3 在处理事件时为消费者利益着想	0.729	0.887
E4 能够采取有力的措施解决	0.700	0.889
E5 消费者的损失会得到补偿	0.658	0.892
E6 事件的不良影响能够减少	0.656	0.892
E7 今后不会再发生类似事件	0.698	0.889
E8 此事件不会影响消费者购买	0.639	0.893
E9 此事件对经营不会有太大影响	0.552	0.900

附表B.9 品牌认知与品牌态度量表的CITC分析

测量变量	测量变量与总体相关系数	测量变量删除后的Cronbach's alpha
F1 品牌质量好	0.635	0.924
F2 品牌安全	0.752	0.916
F3 品牌有社会责任感	0.790	0.913
F5 喜欢品牌	0.808	0.912
F6 主动了解品牌信息	0.599	0.924
F7 购买品牌	0.813	0.911
F8 推荐品牌	0.784	0.914

▷ 品牌危机传播效果的影响模型研究

附表B.10　结构方程模型的拟合度评价表

指标名称	性质	临界值/标准
整体拟合度指标		
χ^2 检验	理论模型与观察模型的拟合程度	$P > 0.05$ [9]
RMSEA	比较理论模型与饱和模型的差距	< 0.10 [10]
GFI	假设模型可以解释观察数据的比例	> 0.90
AGFI	考虑模型复杂度后的GFI	> 0.90
RMR 与 SRMR	样本方差矩阵与拟合矩阵的差距	< 0.08
比较拟合度指标		
NFI	比较假设模型与独立模型的卡方差异	> 0.90

---

[9] χ^2 会随样本量及模式复杂度的变化而产生较大波动，如果样本量及模型复杂度变大，几乎所有应当被接受的模型都有可能被拒绝，故对该指标的要求不必很严格，但模型间 $\Delta\chi^2$ 的显著性是模型选择的重要参考。

[10] RMSEA介于0.08到0.10之间，模型属于"一般拟合"，介于0.05到0.08之间，模型属于"不错的拟合"，小于0.05，模型属于"良好拟合"。

续表

指标名称	性质	临界值/标准
NNFI	考虑模型复杂度后的 NFI	>0.90
CFI	假设模型与独立模型的非中央性差异	>0.95
简效拟合度指标		
PNFI	考虑模型的简效性的 NFI	>0.50
PGFI	考虑模型的简效性的 GFI	>0.50
CN	产生不显著卡方值的样本规模	>200
测量模型的拟合度指标		
观察变量的 R^2		>0.20
因子负荷值		>0.55
组合信度 CR		>0.60
平均方差萃取量 AVE		>0.50
测量误差		无负值且达到显著
结构模型的拟合度指标		
路径系数符号		是否符合研究预期
参数估计值		t 值绝对值>1.96
R^2		>0.33

附表B.11　危机传播修辞力测量模型的拟合度指标

拟合度指标	χ^2/df	RMSEA	GFI	AGFI	RMR	SRMR
拟合值	186.61/41	0.064	0.96	0.94	0.073	0.031
拟合度指标	NFI	NNFI	CFI	PNFI	PGFI	CN
拟合值	0.98	0.98	0.99	0.73	0.60	300.67

附表B.12 危机传播修辞力量表的信效度指标

建构因子	测量变量	MLE 的估计参数			
		λ	R^2	ρ_c	ρ_v
客观描述				0.87	0.63
	C1 介绍事件发生的经过	0.79	0.63		
	C2 公布事件的起因	0.86	0.73		
	C3 公布造成的伤害或损失	0.76	0.58		
	C4 报告事件的进展情况	0.78	0.61		
真诚沟通				0.85	0.60
	C6 为造成的伤害或损失道歉	0.79	0.63		
	C7 出面解释公众或媒体的质疑	0.79	0.63		
	C8 沟通时态度诚恳	0.80	0.64		
	C9 提出补偿造成的伤害或损失	0.73	0.54		
承诺修正				0.81	0.59
	C10 表示要改正不当行为	0.81	0.66		
	C11 提出进一步整改的具体措施	0.79	0.62		
	C12 表示今后要避免类似事件发生	0.70	0.49		

注：所有系数均达到0.05的统计显著性。

附表B.13　危机传播修辞力量表的区分效度

模型	χ^2	df	$\Delta\chi^2$
自由估计模型	186.61	41	
客观描述与真诚沟通相关系数设定为1	1072.53	42	885.92
真诚沟通与承诺修正相关系数设定为1	348.80	42	162.19
客观描述与承诺修正相关系数设定为1	818.76	42	632.15

附表B.14　危机传播资讯力测量模型（修正前）的拟合度指标

拟合度指标	χ^2/df	RMSEA	GFI	AGFI	RMR	SRMR
拟合值	344.54/32	0.106	0.93	0.87	0.14	0.053
拟合度指标	NFI	NNFI	CFI	PNFI	PGFI	CN
拟合值	0.96	0.94	0.96	0.68	0.54	143.53

附表B.15　危机传播资讯力测量模型（修正后）的拟合度指标

拟合度指标	χ^2/df	RMSEA	GFI	AGFI	RMR	SRMR
拟合值	100.09/23	0.062	0.98	0.95	0.062	0.030
拟合度指标	NFI	NNFI	CFI	PNFI	PGFI	CN
拟合值	0.99	0.98	0.99	0.63	0.50	358.38

附表B.16 危机传播资讯力量表的信效度指标

建构因子	测量变量	MLE 的估计参数			
		λ	R^2	ρ_c	ρ_v
信息充分				0.82	0.54
	C14 在媒体上马上可以看到此事的报道	0.68	0.47		
	C15 很快可以在网络上看到此事的消息	0.72	0.52		
	C17 可以看到较多媒体对品牌的采访报道	0.72	0.52		
	C18 各大门户网站上都有关于此事的报道	0.82	0.67		
渠道通畅				0.77	0.63
	C19 在报道里可以看到品牌的应对与处理	0.81	0.66		
	C20 可以很方便找到此事的相关信息	0.78	0.61		
角度多元				0.78	0.54
	C21 可以看到对品牌持负面态度的报道	0.65	0.42		
	C22 可以看到对此事件的各种评论帖子	0.85	0.72		
	C23 可以自由发表对此事的看法	0.70	0.49		

注：所有系数均达到0.05的统计显著性。

附表B.17 危机传播资讯力量表的区分效度

模型	χ^2	df	$\Delta\chi^2$
自由估计模型	100.09	23	
信息充分与渠道通畅相关系数设定为1	250.14	24	150.05
渠道通畅与角度多元相关系数设定为1	317.41	24	217.32
信息充分与角度多元相关系数设定为1	321.17	24	221.08

附表B.18 危机传播中的媒体公信力测量模型的拟合度指标

拟合度指标	χ^2/df	RMSEA	GFI	AGFI	RMR	SRMR
拟合值	83.86/19	0.063	0.98	0.96	0.066	0.035
拟合度指标	NFI	NNFI	CFI	PNFI	PGFI	CN
拟合值	0.97	0.97	0.98	0.66	0.52	377.66

附表B.19　危机传播中的媒体公信力量表的信效度指标

建构因子	测量变量	MLE 的估计参数			
		λ	R^2	ρ_c	ρ_v
准确				0.77	0.47
	D1 媒体根据事实进行事件的报道	0.77	0.59		
	D2 媒体对事件的报道比较完整	0.75	0.56		
	D3 媒体对事件的报道比较一致	0.64	0.41		
	D4 媒体的报道里有来自品牌的信息或说法	0.56	0.31		
客观				0.70	0.38
	D5 媒体在报道事件时没有偏见	0.61	0.37		
	D6 对有争议的问题媒体能够公正反映各方观点	0.67	0.45		
	D7 媒体对事件的焦点问题敢于提出自己的负面看法	0.55	0.31		
	D8 媒体在报道事件时考虑消费者的利益	0.62	0.39		

注：所有系数均达到0.05的统计显著性。

附表B.20　危机传播中的发言人可信度测量模型的拟合度指标

拟合度指标	χ^2/df	RMSEA	GFI	AGFI	RMR	SRMR
拟合值	104.18/13	0.090	0.97	0.93	0.10	0.047
拟合度指标	NFI	NNFI	CFI	PNFI	PGFI	CN
拟合值	0.98	0.97	0.98	0.60	0.45	227.67

附表B.21 危机传播中的发言人可信度量表的信效度指标

建构因子	测量变量	MLE 的估计参数			
		λ	R²	ρc	ρv
权威				0.83	0.63
	D9 发言人在公司的职位较高	0.83	0.69		
	D10 发言人是公司较知名的人	0.86	0.74		
	D11 发言人对事件有决定性的影响	0.68	0.47		
形象好				0.85	0.60
	D13 发言人是这个领域的专家	0.69	0.47		
	D14 发言人在发言时态度真诚	0.79	0.63		
	D15 发言人对媒体友好，有问有答	0.83	0.69		
	D16 发言人看上去是个可靠的人	0.76	0.57		

注：所有系数均达到0.05的统计显著性。

附表B.22　品牌危机责任归因测量模型的拟合度指标

拟合度指标	χ^2/df	RMSEA	GFI	AGFI	RMR	SRMR
拟合值	109.03/17	0.079	0.97	0.94	0.099	0.046
拟合度指标	NFI	NNFI	CFI	PNFI	PGFI	CN
拟合值	0.95	0.93	0.96	0.58	0.46	267.96

▷ 品牌危机传播效果的影响模型研究

附表B.23 品牌危机责任归因量表的信效度指标

建构因子	测量变量	MLE 的估计参数			
		λ	R^2	ρ_c	ρ_v
控制力				0.70	0.44
	B1 如果重视，危机事件就不会发生	0.70	0.49		
	B2 危机事件是在有意识的情况下发生的	0.63	0.40		
	B3 当刚开始有负面消息时没有引起重视	0.67	0.49		
稳定性				0.81	0.68
	B4 以前发生过类似的危机事件	0.81	0.65		
	B5 经常出现质量问题	0.84	0.70		
起源地				0.66	0.40
	B7 危机事件的发生是内部引起的	0.78	0.60		
	B8 危机事件的发生没有受到外部影响	0.51	0.35		
	B9 如果内部管理不当，还是会发生类似事件	0.59	0.26		

注：所有系数均达到0.05的统计显著性。

附表B.24　品牌危机责任归因量表的区分效度

模型	χ^2	df	$\Delta\chi^2$
自由估计模型	109.03	17	
控制力与稳定性相关系数设定为1	464.95	18	355.92
控制力与起源地相关系数设定为1	359.56	18	250.53
稳定性与起源地相关系数设定为1	368.56	18	259.53

附表B.25 品牌声誉测量模型（修正前）的拟合度指标

拟合度指标	χ^2/df	RMSEA	GFI	AGFI	RMR	SRMR
拟合值	362.34/24	0.127	0.92	0.84	0.14	0.055
拟合度指标	NFI	NNFI	CFI	PNFI	PGFI	CN
拟合值	0.96	0.94	0.96	0.64	0.49	109.83

附表B.26　品牌声誉测量模型（修正后）的拟合度指标

拟合度指标	χ^2/df	RMSEA	GFI	AGFI	RMR	SRMR
拟合值	93.45/17	0.072	0.97	0.94	0.075	0.031
拟合度指标	NFI	NNFI	CFI	PNFI	PGFI	CN
拟合值	0.99	0.98	0.99	0.60	0.46	319.09

附表B.27　品牌声誉量表的信效度指标

建构因子	测量变量	MLE 的估计参数			
		λ	R^2	ρ_C	ρ_V
认知				0.82	0.61
	A1 是个知名品牌	0.67	0.45		
	A3 拥有不错的产品	0.84	0.70		
	A4 相比同行业其他品牌质量较高	0.83	0.69		
社会责任感				0.83	0.71
	A5 平时的所作所为以人为本	0.85	0.73		
	A6 热心公益事业	0.84	0.71		
品牌价值				0.83	0.63
	A7 是个值得投资的品牌	0.87	0.75		
	A8 具有良好的发展前景	0.84	0.70		
	A9 任职意愿	0.66	0.43		

注：所有系数均达到0.05的统计显著性。

附表B.28　品牌声誉量表的区分效度

模型	χ^2	df	$\Delta\chi^2$
自由估计模型	93.45	17	
认知与社会责任感相关系数设定为1	417.13	18	323.68
认知与品牌价值相关系数设定为1	455.89	18	362.44
社会责任感与品牌价值相关系数设定为1	298.56	18	205.11

附表B.29 危机事件说服力测量模型（修正前）的拟合度指标

拟合度指标	χ^2/df	RMSEA	GFI	AGFI	RMR	SRMR
拟合值	218.69/24	0.097	0.95	0.90	0.12	0.053
拟合度指标	NFI	NNFI	CFI	PNFI	PGFI	CN
拟合值	0.97	0.97	0.98	0.65	0.51	172.63

附表B.30 危机事件说服力测量模型（修正后）的拟合度指标

拟合度指标	χ^2/df	RMSEA	GFI	AGFI	RMR	SRMR
拟合值	116.54/23	0.068	0.97	0.94	0.071	0.030
拟合度指标	NFI	NNFI	CFI	PNFI	PGFI	CN
拟合值	0.99	0.98	0.99	0.63	0.50	301.02

▷ 品牌危机传播效果的影响模型研究

附表B.31 危机事件说服力量表的信效度指标

建构因子	测量变量	λ	R^2	ρ_c	ρ_v
品质				0.88	0.71
	E1 说出了事件的真相	0.83	0.69		
	E2 是一个诚实的品牌	0.88	0.77		
	E3 在处理事件时为消费者利益着想	0.83	0.68		
能力				0.83	0.63
	E4 能够采取有力的措施解决	0.81	0.66		
	E5 消费者的损失会得到补偿	0.80	0.64		
	E6 事件的不良影响能够减少	0.77	0.60		
影响力				0.78	0.55
	E7 今后不会再发生类似事件	0.87	0.76		
	E8 此事件不会影响消费者购买	0.72	0.52		
	E9 此事件对经营不会有太大影响	0.62	0.38		

注：所有系数均达到0.05的统计显著性。

附表B.32 危机事件说服力量表的区分效度

模型	χ^2	df	$\Delta\chi^2$
自由估计模型	116.54	23	
品质与能力的相关系数设定为1	485.75	24	369.21
品质与影响力的相关系数设定为1	333.93	24	217.39
能力与影响力的相关系数设定为1	303.63	24	187.09

附表B.33 品牌认知与态度测量模型的拟合度指标

拟合度指标	χ^2/df	RMSEA	GFI	AGFI	RMR	SRMR
拟合值	124.04/13	0.099	0.96	0.92	0.084	0.030
拟合度指标	NFI	NNFI	CFI	PNFI	PGFI	CN
拟合值	0.98	0.97	0.98	0.61	0.45	198.15

附表B.34 品牌认知与态度量表的信效度指标

潜在变量	测量变量	MLE 的估计参数			
		λ	R^2	ρ_c	ρ_v
品牌认知				0.86	0.67
	F1 品牌质量好	0.73	0.53		
	F2 品牌安全	0.87	0.76		
	F3 品牌有社会责任感	0.85	0.72		
品牌态度				0.89	0.67
	F5 喜欢品牌	0.84	0.71		
	F6 主动了解品牌信息	0.64	0.40		
	F7 购买品牌	0.90	0.82		
	F8 推荐品牌	0.88	0.77		

注：所有系数均达到0.05的统计显著性。

▷ 品牌危机传播效果的影响模型研究

附表B.35 品牌危机传播效果的

	Aquality	Bability	Ceffect	F1high-q	F2securi	F3social	F5like	F6search	F7purcha	F8recomm	1Objecti	2Sincere
Aquality	1.82											
Bability	1.18	1.74										
Ceffect	1.04	0.99	1.86									
F1high-q	0.92	0.98	0.84	2.09								
F2securi	1.15	1.05	1.12	1.56	2.49							
F3social	1.35	1.21	1.12	1.37	1.86	2.59						
F5like	1.22	1.04	1.3	1.21	1.63	1.94	3.04					
F6search	0.95	0.91	0.91	0.97	1.16	1.38	1.73	3.07				
F7purcha	1.19	1.02	1.31	1.36	1.84	1.9	2.4	1.8	3.4			
F8recomm	1.23	1.04	1.39	1.26	1.67	1.78	2.3	1.76	2.71	3.3		
1Objecti	0.8	0.61	0.51	0.47	0.56	0.75	0.71	0.57	0.63	0.73	1.75	
2Sincere	0.78	0.72	0.41	0.43	0.53	0.76	0.57	0.57	0.45	0.49	1.03	1.69
3Correct	0.69	0.71	0.37	0.39	0.47	0.61	0.46	0.54	0.36	0.39	0.89	1.25
4Plentif	0.37	0.44	0.06	0.44	0.31	0.28	0	0.15	-0.06	-0.05	0.45	0.72
5Smooth	0.61	0.56	0.32	0.49	0.51	0.56	0.39	0.46	0.33	0.38	0.63	0.89
6Freedom	0.27	0.34	0.01	0.34	0.23	0.24	0.07	0.32	0.11	0.1	0.22	0.38
7Correct	0.44	0.39	0.23	0.37	0.35	0.36	0.27	0.3	0.17	0.19	0.43	0.51
8Objecti	0.51	0.42	0.31	0.29	0.29	0.43	0.43	0.45	0.3	0.31	0.39	0.45
9Authori	0.57	0.53	0.26	0.44	0.39	0.52	0.33	0.38	0.26	0.3	0.53	0.71
10Image	0.85	0.69	0.63	0.5	0.59	0.85	0.77	0.71	0.62	0.7	0.71	0.79
11Contro	-0.26	-0.13	-0.36	-0.18	-0.29	-0.35	-0.47	-0.22	-0.48	-0.46	-0.07	0.01
12Stable	-0.29	-0.15	-0.4	-0.25	-0.5	-0.4	-0.48	-0.06	-0.56	-0.48	0.14	0.12
13Source	-0.11	0.01	-0.15	-0.01	-0.11	-0.12	-0.16	0.01	-0.14	-0.17	0.12	0.16
14Wellkn	0.56	0.48	0.31	0.7	0.78	0.74	0.68	0.36	0.81	0.7	0.31	0.33
15Respon	0.79	0.54	0.69	0.64	0.89	1.02	1.08	0.71	1.13	1.08	0.49	0.38
16Valure	0.72	0.56	0.58	0.76	0.87	0.95	1	0.71	1.09	0.96	0.5	0.4

影响模型各变量的协方差矩阵

3Correct	4Plentif	5Smooth	6Freedom	7Correct	8Objecti	9Authori	10Image	11Contro	12Stable	13Source	14Wellkn	15Respon	16Valure
1.81													
0.71	1.81												
0.77	1.1	2.08											
0.38	0.93	0.91	1.5										
0.47	0.65	0.72	0.6	1.04									
0.43	0.47	0.53	0.41	0.54	1.04								
0.66	0.63	0.73	0.48	0.55	0.46	1.51							
0.69	0.44	0.71	0.35	0.52	0.56	0.84	1.47						
0.07	0.21	0.17	0.29	0.16	0.15	0.1	−0.07	1.42					
0.15	0.26	0.14	0.21	0.13	0.09	0.16	−0.01	0.57	1.89				
0.18	0.28	0.12	0.31	0.16	0.1	0.16	0.09	0.4	0.5	1.09			
0.29	0.24	0.38	0.28	0.3	0.22	0.28	0.31	0.09	−0.38	−0.01	1.65		
0.31	0.01	0.39	0.06	0.24	0.26	0.2	0.52	−0.22	−0.35	−0.03	1.01	2.15	
0.42	0.19	0.42	0.26	0.34	0.3	0.27	0.5	−0.13	−0.25	0.02	1.12	1.37	2.03